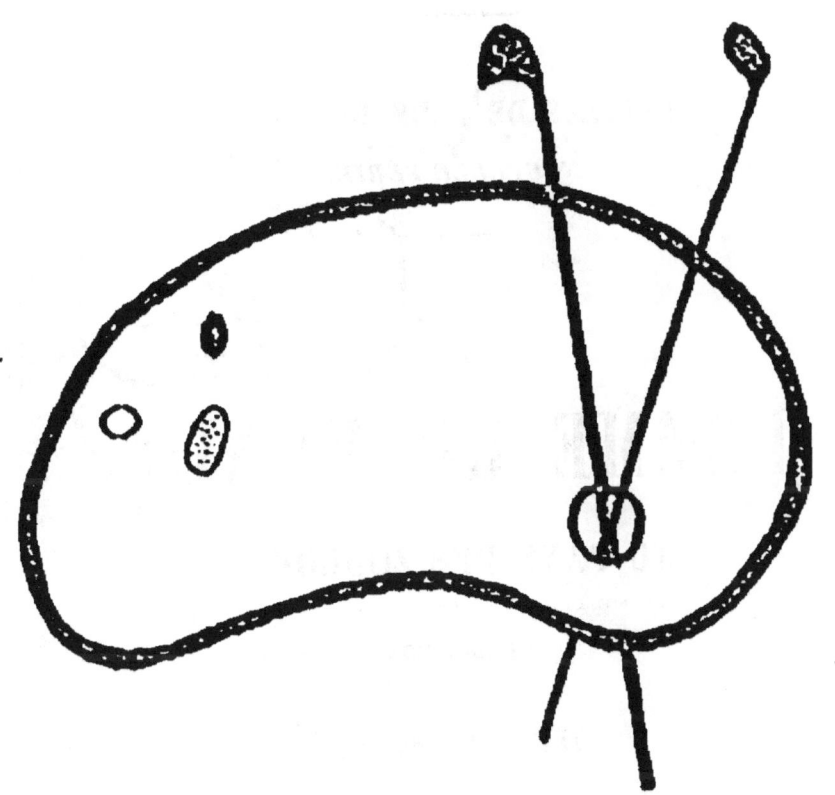

COUVERTURE SUPERIEURE ET INFERIEURE EN COULEUR

BIBLIOTHÈQUE DES MÈRES DE FAMILLE.

LETTRES DE LADY BARKER.
NOUVELLE SÉRIE.

UNE FEMME DU MONDE
AU PAYS DES ZOULOUS.

TRADUCTION

DE Mme E. B.

PARIS,
LIBRAIRIE DE FIRMIN-DIDOT ET Cie
IMPRIMEURS DE L'INSTITUT, RUE JACOB, 56.

A LA MÊME LIBRAIRIE :
BIBLIOTHÈQUE DES MÈRES DE FAMILLE,

FORMAT IN-18 JÉSUS,

PUBLIÉE SOUS LA DIRECTION
De Mme Emmeline RAYMOND, Rédactrice de la Mode illustrée.

Le cartonnage en percaline, tr. dorée, se paye en sus 1 fr. par vol.

Raymond (Mme Em.). Aide-toi le Ciel t'aidera....... 3 fr.
— À quelque chose malheur est bon................ 3 fr.
— Autobiographie d'une inconnue................ 3 fr.
— Barbe-Bleue............ 3 fr.
— La Bonne Ménagère.... 3 fr.
— La Civilité non puérile mais honnête.......... 3 fr.
— Éducation et morale pour tous les âges..... 3 fr.
— Une femme élégante.... 3 fr.
— Les Grands et les Petits Devoirs. 2 vol........ 6 fr.
— Histoire d'une Famille. 3 fr.
— Journal d'une jeune fille pauvre................ 3 fr.
— Leçons de couture. 1 vol. 364 figures.............. 4 fr.
— Lettres d'une marraine à sa filleule.......... 3 fr.
— Un mariage parisien... 3 fr.
— La plus heureuse de la famille................ 3 fr.
— Un récit qui ne se termine pas par un mariage. 3 fr.
— Les Rêves dangereux... 3 fr.
— Le Secret des Parisiennes. 3 fr.
Aldrich (T. B.). Le Crime de Stillwater............. 3 fr.
Anonyme. Historiettes et anecdotes............. 3 fr.
Barker (lady). Une femme du monde à la Nouvelle-Zélande................ 3 fr.
— Une femme du monde au pays des Zoulous..... 3 fr.
Blandy. Le Procès de l'absent................. 3 fr.
— La Benjamine........... 3 fr.
— La Dernière Chanson... 3 fr.
Clément (Mme Félix). Françoise de Soubise........
Courcy (de). Le Bailli de la Boulaye................. 3 fr.
Danglars (Mme Renée). Le Théâtre en famille..... 3 fr.
Guerrier de Haupt (Mlle). Le Bonheur et l'argent.. 3 fr.

Hay. Jolette. 2 vol....... 6 fr.
Labillois (Mlle). Un drame dans la vie intime...... 3 fr.
Marcel (Et.). La Famille du Baronnet. 2 vol..... 6 fr.
— Aventures d'André..... 3 fr.
— La Future du baron Jean.................. 3 fr.
— Grand-Mère............ 3 fr.
— Le Roman d'Élisabeth.. 3 fr.
— Pile ou Face............ 3 fr.
— Dymitr le Cosaque. 2 vol. 6 fr.
Maréchal (Mlle). L'Hôtel Woronzoff............. 3 fr.
— La Roche Noire......... 3 fr.
— Madeleine Green et la Nièce du président... 3 fr.
— Un Mariage à l'étranger................ 3 fr.
Marlitt (Eugénie). Chez le Conseiller. 2 vol..... 6 fr.
— Élisabeth aux cheveux d'or. 2 vol........... 3 fr.
— Gisèle, comtesse de l'Empire. 2 vol........... 6 fr.
— La Maison Schilling. 2 vol.................. 6 fr.
— La petite princesse des Bruyères. 2 vol..... 6 fr.
— La Seconde femme. 2 v. 6 fr.
— Le Secret de la vieille demoiselle. 2 vol..... 6 fr.
Chacun de ces ouvrages a été traduit par Mme E. Raymond.
Maryan. Le Manoir des célibataires........... 3 fr.
— L'Erreur d'Isabelle..... 3 fr.
— Les Rêves de Marthe... 3 fr.
— L'Héritage de Paule.... 3 fr.
— Rosa Trévern........... 3 fr.
Monféry. Rozaïk.......... 3 fr.
— Œil en Sèche........... 3 fr.
Pluzy (V^{tesse} de), née de Ségur. Le Petit Marquis de Carabas. 1 vol. orné de 10 gravures....... 3 fr.
Poitevin (Mlle M.) Les Grancogne-Léogan........ 3 fr.
Yorel (Paul). Le Château de Birogues........... 3 fr.

2441

O³q
33

BIBLIOTHÈQUE DES MÈRES DE FAMILLE.

UNE
FEMME DU MONDE
AU PAYS DES ZOULOUS.

EN VENTE A LA MÊME LIBRAIRIE.

Du même auteur :

Une Femme du monde à la Nouvelle-Zélande. 1 volume
in-18 jésus .... 3 fr.

TYPOGRAPHIE FIRMIN-DIDOT. — MESNIL (EURE).

LETTRES DE LADY BARKER.

NOUVELLE SÉRIE.

UNE FEMME DU MONDE

AU PAYS DES ZOULOUS.

TRADUCTION

DE Mme E. B.

PARIS,
LIBRAIRIE DE FIRMIN-DIDOT ET Cie,
IMPRIMEURS DE L'INSTITUT, RUE JACOB, 56.
1885.

Tous droits réservés.

AVANT-PROPOS.

Le Zoulouland, ou pays des Zoulous, s'est acquis depuis quelques années une renommée sinistre. Ses jungles sauvages, peuplées de hautes herbes, ont vu la triste mort du prince impérial et les exploits de ce singulier roi Cettiwayo qui, après avoir fait subir aux Anglais de sanglants échecs, vaincu et longtemps prisonnier, a été finalement rendu à ses sujets par la politique de la Grande-Bretagne.

Les Zoulous ne sont qu'une grande tribu de la nation des Cafres, mais tribu supérieure par la constitution physique, l'intelligence et l'esprit guerrier. Ils occupent une vaste étendue de pays, au nord-est de la colonie anglaise du Cap, séparés de la province du Natal par le fleuve Tugela. Leur humeur indépendante étant toujours une menace pour cette province, un gouverneur du Cap, sir Bartle Frère, entreprit de les soumettre, comme nous avons été amenés à conquérir le Tonkin pour défendre notre colonie de la Cochinchine contre les entreprises des Annamites. Mais après le désastre d'Isandlwana (10 février 1879), où fut détruite une colonne de l'armée anglaise, avec perte de son artillerie, de ses bagages et d'un drapeau, le gouvernement de la métropole, satisfait d'avoir vengé l'honneur de ses armes, s'est décidé à reconnaître l'indépendance des Zoulous.

Quelques explications sont ici nécessaires pour faire comprendre la présence d'une femme comme lady Barker dans le voisinage de cette sauvage contrée, et pour faciliter l'intelligence générale de cette nouvelle série de lettres.

Tout le monde sait que la colonie du Cap de Bonne-Espérance a été fondée par les Hollandais en 1650. Réduite d'abord à la petite péninsule qui forme la pointe méridionale du continent de l'Afrique, elle s'étendit peu à peu au delà de ces étroites limites, à mesure que

AVANT-PROPOS. vij

les colons gagnaient du terrain sur la race timide qui occupait le pays. Au bout d'un siècle, la puissance de la Hollande s'étendait depuis l'Océan jusqu'à la limite des montagnes situées vers le trente-deuxième degré de latitude : les Hottentots étaient devenus des serfs.

La ville du Cap, avec sa grande et belle rade à l'entrée de deux mers, est une des stations les plus importantes du globe. Placée sur la route des Indes, elle était faite pour exciter la convoitise des Anglais. Ils saisirent, pour s'en emparer, la première occasion que leur fournit la guerre maritime qu'ils soutenaient si heureusement contre la République française, conquérante de la Hollande. Dès 1795, le Cap et tous les établissements hollandais tombèrent entre leurs mains, et ils n'en sont plus sortis depuis.

En 1836, un grand nombre de fermiers hollandais ou Boers, mécontents de la domination anglaise, quittèrent la colonie avec leurs familles et leurs troupeaux pour gagner les districts inhabités du Nord, où ils formèrent sur divers points de petites communautés indépendantes. En 1838, une partie d'entre eux, qui avait poussé jusqu'au pays des Zoulous, envoya une députation à Dingaan, leur roi, pour demander la permission de s'établir pacifiquement sur leur territoire. Les Zoulous parurent faire un accueil favorable à ces émigrants; mais avec la perfidie naturelle aux sauvages, ils les massacrèrent en grande partie pendant une fête donnée en leur honneur. Les survivants repassèrent la chaîne du Drakenberg, et, s'étant fixés dans les environs de la baie appelée Port-Natal, ils fondèrent, en 1840, la ville de Pieter-Maritzburg. Ils arborèrent le drapeau hollandais avec la prétention de former une république indépendante. Mais ce n'était pas le compte des Anglais. En 1842, après un honorable essai de résistance, ils furent contraints de se soumettre par lord Napier, gouverneur du Cap, et en 1845, une proclamation les déclara annexés à la grande colonie, sous le nom de province du Natal.

C'est là que nous retrouvons lady Barker

trente ans après, en qualité de femme du secrétaire général du gouvernement de cette province, sir Frédérick Barker. Elle y passa deux ans; et dans les lettres intimes qu'elle adresse de Maritzbourg à sa famille, elle va nous faire connaître ce pays ignoré, avec la même plume vaillante qui a si bien décrit la vie de colon à la Nouvelle-Zélande. On retrouvera dans cette correspondance lady Barker telle que nous la connaissons déjà. C'est la même énergie à braver les ennuis d'une vie difficile, par le secret de s'intéresser à tout, en vertu d'un esprit supérieur. Travaux publics, marchés, tribunaux, écoles, culte, armée, cette femme virile n'est étrangère à rien. Qu'elle peigne les mœurs, les coutumes, l'esprit des naturels, ou qu'elle décrive les paysages et la flore du pays, c'est toujours la même vivacité de couleurs. Sous un ciel des plus incléments, elle garde le même entrain, mêlé toutefois d'un grain de mélancolie, car dix années ont passé sur la tête de l'aimable femme, et l'on devine que quelques illusions ont été perdues.

Telles sont les considérations qui nous ont amené à faire connaître au public français cette nouvelle série de lettres, dans toute leur saveur anglaise, persuadé qu'elles lui offriront le même intérêt que la première, car cet intérêt dérive de la même source : la personnalité si originale de l'auteur.

UNE
FEMME DU MONDE
AU PAYS DES ZOULOUS.

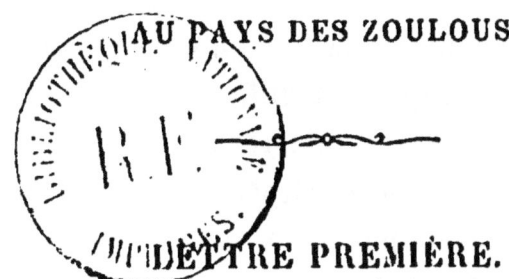

LETTRE PREMIÈRE.

Arrivée au Cap. — Les vins de Constance. — Visite aux celliers de Cloete-Constancia.

Cape-Town, 16 octobre 1875.

Après vingt-trois jours passés à bord du *Château d'Édimbourg*, entre le ciel et l'eau, nous abordons enfin le quai de la ville du Cap, par un brouillard qui semble emprunté à l'Écosse. En posant le pied sur le sol, je m'attends presque à le voir se dérober, et m'écrierais volontiers avec mon petit garçon : « Comme la terre est solide ! » Quelques heures plus tard, il me demande la permission de sortir de son petit lit blanc, pour avoir le plaisir d'y rentrer. Mes sensations, moins naïvement exprimées, ne diffèrent guère des siennes. Je n'avais jamais encore suffisamment apprécié l'espace et le silence.

Les constructions de la ville du Cap sont si peu resserrées, qu'il est difficile de se former une idée de son étendue réelle. Ses maisons basses paraissent propres, les rues animées et pittoresques, lorsque je les regarde le lendemain matin avec mes yeux de nouvelle arrivée. La population, qui se meut d'un air affairé et sociable, présente toutes les teintes du blanc au noir.

Les Malais portent de grands chapeaux pointus, tandis que leurs femmes entourent leur figure souriante d'un madras aux vives couleurs, et en jettent un autre encore plus voyant sur leurs épaules. Une robe claire, ample et empesée, complète ce costume, qui donne aux rues un air de fête. Des bandes d'enfants courent de tous côtés, montrant leurs dents blanches dans un rire épanoui. Je suis frappée de leur air de santé; ils sont joufflus, solidement membrés et tous, blancs comme noirs, possèdent cet air surprenant d'indépendance particulier aux bébés colons. Personne ne s'occupe d'eux, et rien ne semble leur nuire.

Au bord d'une pièce d'eau sont assis deux philosophes de trois ans environ, vêtus chacun d'un unique vêtement et coiffés d'un chapeau pointu. Ils sont très affairés à fixer une épingle au bout d'une ficelle; mais qui prend soin d'eux, et pourquoi ne tombent-ils pas à l'eau? Ils sont gras comme des ortolans et nous sourient de l'air le plus amical.

Nous sommes dans la meilleure saison pour voir le Cap. Le temps froid a mis des roses aux joues des enfants, et les pluies d'hiver ont répandu la teinte verte la plus fraîche sur les prés et sur les arbres. Après les vents desséchants de l'été, la végétation se réfugiera dans quelque pli abrité de la montagne.

Lorsque les Hollandais débarquèrent dans le pays, il y a environ deux cents ans, ils s'emparèrent de ce point de la côte et le nommèrent *Hollande*, puis ils refoulèrent les Hottentots derrière la chaîne de montagnes voisine en leur disant que le pays d'au-delà serait leur *Hollande*, nom qu'il garde encore aujourd'hui. Cette division arbitraire du sol paraît avoir troublé la conscience des envahisseurs, car ils établirent sur le revers de la montagne nombre de singulières petites maisons carrées appelées *blockhaus*, d'où ils pouvaient surveiller l'ennemi du côté de la Hollande hottentote. L'ennemi ne vint pas, les murailles et les toits des blockhaus tombèrent graduellement en ruine, et de vieux canons rouillés gisent encore au milieu d'un fouillis de géraniums sauvages, de bruyères et de lis. Sur l'un d'eux je lus une date vieille d'un siècle.

Les fameuses vignes de Constance sont la richesse et la grande curiosité de la colonie. Tout étranger qui vient au Cap les visite ; je me gardai bien de faire exception. Par une belle après-midi, un *break* attelé de quatre chevaux nous prit à la porte de mes hôtes, et nous partîmes. Notre route s'élevait lentement, contournant le flanc d'une haute montagne. Deux rangées de chênes magnifiques la bordaient, tandis que des forêts en miniature de pins noirâtres alternaient sur le flanc de la montagne avec des bouquets de l'*arbre d'argent*. La branche et la feuille en est d'un blanc métallique, et vus à distance, éclairés par un rayon de soleil, le contraste avec la verdure des vignes et des bois est vraiment fantastique.

Les vignes de Constance furent ainsi nommées à l'origine d'après la fille d'un des premiers gouverneurs hollandais, mais avec le temps c'est devenu une appellation générique. Sur les grands portails de pierre des exploitations, on voit écrit : « Constance-Cloete, Constance-Reybeck. » C'est vers la première de ces *Constance* que nous nous dirigeons. Il me sembla en arrivant être subitement transportée par un pouvoir magique sur la scène d'une histoire de Washington Irving. La maison, bâtie depuis plus de deux cents ans, a l'air de pouvoir durer éternellement, tant elle paraît solide avec ses tours massives, son intérieur frais et confortable. Le salon, si ce n'est pas profaner cette salle imposante que de lui donner ce nom moderne, est vaste et élevé. Le plafond se compose de longues poutrelles de cèdre. Les larges fenêtres qui éclairent la pièce soutiennent chacune plusieurs centaines de petits losanges de verre. Le mobilier comprend des trésors de vieille porcelaine et de faïence de

Delft. Les plats les plus fragiles sont placés sur de curieux supports sculptés. Une profusion de fleurs et de fougères et les gracieux visages des jeunes filles animent l'imposante vieille salle où l'on s'oublierait volontiers, s'il ne restait pas tant de choses à voir au dehors.

D'abord, nous nous rendons au cellier, comme on l'appelle improprement, car il n'est pas au-dessous du sol. C'est un vaste bâtiment de pierre au fronton curieusement sculpté, qui rappelle ce qu'on nomme à Bordeaux un *chai*.

Là sont rangées des tonnes gigantesques formant une sombre avenue que nous traversons pour nous rendre à une pièce centrale encombrée d'objets bizarres et curieux : arcs de sauvages, longs fouets de cuir d'hippopotame, vieux mousquets et sabres rouillés. Notre attention est principalement attirée sur une carte d'Afrique dessinée en 1620. Elle est suspendue à la muraille, et ne pourrait être touchée, car la peinture s'écaille au moindre souffle. C'est une merveille d'exactitude et de science géographique : elle est beaucoup mieux remplie que celles des atlas les plus modernes. Toutes les découvertes du pauvre Livingstone y sont marquées comme connues ou devinées depuis longtemps déjà. Il a été impossible de reproduire cette curieuse carte par la photographie. La teinte sombre répandue par le temps sur le vernis jaune original s'y oppose, mais un tracé fidèle en a été fait et envoyé, je crois, à la Société géographique de Londres.

Nous débouchons de nouveau dans une longue galerie meublée de tonnes d'une solennelle rotondité. Là se garde le Constance blanc, le Constance rouge, jeune, d'âge moyen, ou si vieux qu'il devient une liqueur sans prix. Lorsque le vin a atteint un certain âge, la douceur qui le distingue ordinairement devient à peine perceptible.

Une personne de la société ouvre une porte, et nous nous trouvons, comme par enchantement, au-dessus d'un vallon boisé, à travers lequel court un petit ruisseau. Sur les cailloux brillants qui forment la rive, une blanchisseuse négresse étend son linge. Les tourterelles roucoulent dans les arbres; on se croirait transporté sur la côte ouest de l'Écosse. Mais quelqu'un s'écrie : « Regardez les autruches! » Elles s'avancent avec leur démarche cadencée, balançant leur long cou et leur tête de serpent, de côté et d'autre. Leurs ailes sont légèrement soulevées, et leur longue frange de plumes blanches s'agitent doucement, tandis qu'elles viennent vers nous de leur trot gracieux. Ce sont de jeunes mâles. Dans quelques mois, leur plumage, qui ressemble à celui du dindon, sera d'un noir de jais, sauf les longues plumes des ailes. Quelques gouttes de pluie nous font regagner à la hâte nos voitures abritées sous de magnifiques chênes, et nous regagnons la ville de toute la vitesse de nos chevaux.

19 octobre.

Il a été décidé que je devais faire une course dans un char du Cap. En conséquence, aussitôt après déjeuner, un élégant et solide véhicule, traîné par deux beaux chevaux gris de fer, est conduit devant le perron. Il y a de fort beaux chevaux au Cap, mais ils atteignent un prix élevé, et pareil attelage trouverait aisément acquéreur à quatre mille francs. On m'avertit honnêtement de ne pas juger tous les équipages du pays par l'échantillon que j'ai sous les yeux.

Le but de notre excursion est une visite à l'ancien chef *Langalibalele* et à son fils *Malanibuté*. Ils sont internés à *Uitabugt*, à quatre milles de la ville. Le vieux chef, habitué à vivre dans une hutte de roseaux, ne doit pas se trouver trop malheureux dans cette espèce de ferme où il a une maison confortable et un terrain considérable à son entière disposition.

La route, dans tout autre pays, serait impossible à parcourir en voiture. Tantôt je n'aperçois que l'extrémité de la flèche dont le bout d'argent brille au soleil. L'instant d'après, la croupe des chevaux est seule visible; enfin, Dieu merci, nous atteignons la « *Location* », et voici Langalibalele accroupi sous la véranda, prenant du tabac. L'étiquette paraît être de ne pas faire attention à lui avant d'entrer dans le salon, où les dignitaires chargés de ce soin s'assurent que nous sommes en règle. Alors seulement, le vieux chef entre, soulève son chapeau de feutre mou, et s'assied avec calme dans un grand fauteuil de paille. Il est extraordinairement laid. Mais quand on se souvient qu'il a

1.

soixante-dix ans, on trouve qu'il a l'air fort jeune. C'est un homme grand et fort, dont toute la personne respire une tranquille satisfaction, ce qui se comprend à merveille. Un seul de ses fils, noir comme l'ébène, mais à l'air doux et intelligent, est près de lui.

Le grand souci du chef, c'est qu'aucune de ses femmes n'a voulu le rejoindre : en vain a-t-il commandé et imploré tour à tour. Ces brunes princesses ont refusé obstinément de venir partager sa solitude, donnant pour raison qu'elles *travaillaient pour un autre,* car, hélas! leur présence n'est désirée que pour qu'elles cultivent les terres placées à la disposition du vieux chef. Aucun de ses robustes fils n'aurait l'idée de manier la bêche ou la pioche, mais si les dames de la famille pouvaient être amenées à comprendre leur devoir, on vendrait du fourrage et du grain pour une bonne somme. Je donne au chef un gros paquet de bonbons. Il s'en saisit avec une joie enfantine et le cache avec les mêmes gestes que les grands singes du Jardin zoologique. Malanibulé fait semblant de vouloir s'emparer des bonbons, et nous sommes assourdis par les cris et les rires que provo-

quent ces jeux. A ce moment, un des gentlemen
de la société présente un paquet d'excellent
tabac : le vieux chef abandonne aussitôt les
douceurs à son fils, et se met à cacher son nouveau trésor. Il était habillé exactement comme
un ministre dissident et nous déclara, par l'or-
gane de l'interprète, qu'il se trouvait parfaitement satisfait. L'opinion générale ici est que ce
vieil intrigant, toujours disposé à faire le mal,
doit se regarder comme fort heureux de s'être
tiré du guêpier où il s'était mis. Nous profitons
des dernières heures du jour pour visiter au
retour une charmante maison de campagne,
enfoncée dans le feuillage, et précédée d'une
magnifique avenue de pins italiens. Vers Noël
le pays ne sera qu'une masse de fleurs, mais je
ne serai plus là pour l'admirer. Mes trois jours
de grâce sont expirés. Ce soir même il faut reprendre la mer, laissant bien des choses inté-
ressantes sans les visiter et quittant des amis
qui, il y a trois jours, m'étaient étrangers,
mais dont le souvenir restera confondu dans
ma mémoire avec celui des heures qu'ils m'ont
rendues si charmantes.

LETTRE II.

Le long de la côte. — Port Élisabeth. — Est-Londres. — La barre du Buffalo. — Baie d'Algoa.

23 octobre 1875.

Nous avons quitté il y a deux jours la baie de la Table par une après-midi brumeuse, pareille à celle par laquelle nous y étions entrés. Mais à peine en mer, le temps s'est élevé, et depuis, il nous a semblé faire une agréable excursion d'été. Cette partie de la côte est fort bien éclairée, et nous nous félicitons chaque nuit de voir briller, tous les quatre-vingts milles, la lueur adoucie d'un phare dans la nuit étoilée. Une de ces tours solitaires a plus de huit cents pieds au-dessus du niveau de la mer, et détourne les vaisseaux du terrible écueil du cap d'Agulhas. Nous avons jeté l'ancre ce matin à un mille du rivage où est bâti *Port-Élisabeth*.

La baie d'Algoa n'offre guère d'abri, et à chaque moment un coup de vent du sud peut forcer le navire à regagner le large pour éviter le sort qui nous menace sous la forme de plusieurs grands squelettes de vaisseaux abandonnés. Mais aujourd'hui le vent, la terre et le ciel semblent rivaliser pour nous montrer à son avantage la petite cité naissante étendue devant nous sur le sable.

On m'assure que Port-Élisabeth est une station commerciale importante. En effet, en débarquant, on me montre un magasin qui me pétrifie d'admiration. Tout s'y trouve dans le plus grand ordre : dés à coudre et charrues, eau de Cologne, fourneaux américains, robes de toile aux dessins les plus bizarres pour plaire aux dames hollandaises, harmoniums et fers à repasser. La laine est la partie sérieuse du commerce de ce grand établissement. Il en renferme des balles de toute qualité et de toute forme. Bien que leur vue me fasse battre le cœur en souvenir de ma chère Nouvelle-Zélande, je ne suis pas censée m'y connaître, et l'on me fait sortir promptement pour rejoindre une immense voiture découverte conduite par un cocher nègre, qui doit nous mener à une charmante villa bâtie sur le penchant d'une colline de sable. Dès que je ne suis plus sous l'influence de l'admiration causée par le magnifique magasin, l'impression que Port-Élisabeth doit être une ville morne, me revient malgré moi. Le parc est encore à l'état d'enfance, le jardin botanique lutte péniblement contre la chaleur et le manque d'eau. Des constructions nouvelles, fort modestes il est vrai, s'élèvent de toutes parts. Elles sont en bois ou en maçonnerie grossière avec des toits de zinc peints en couleurs vives. Les gens paraissent bien portants mais ennuyés, et je ne suis pas fort étonnée d'apprendre que si la ville renferme beaucoup d'habitants, la société y est nulle.

Nous rejoignons le navire rendu presque désert par le départ d'un grand nombre de passagers. En me promenant sur le pont de notre maison flottante, je découvris tout à coup sur le rivage une courte et massive pyramide dominant de bien peu les maisons basses au milieu desquelles elle est placée. Si elle eût été rouge au lieu de grise, elle aurait pu passer pour le modèle de la marque de *Bass* sur les bouteilles de bière. Je pressens une histoire, et l'on me conte en effet que ce peu poétique monument fut érigé, il y a longtemps, par un gouverneur du pays en mémoire des vertus et des perfections de sa défunte femme que l'inscription, entre autres louanges, dit avoir été « la plus parfaite des femmes ». Si l'on en croit ce monument, vieux de près de cent ans, il est le témoignage d'un grand amour et d'un profond chagrin, et l'on peut envier l'un et plaindre l'autre, en regardant cette étrange construction, tout comme si l'on était au seuil de marbre blanc de cette merveille appelée *Taj Mahal*, à Agra (1). On y lit aussi que dans sa grâce et sa beauté, il fut érigé « en mémoire d'un amour immortel ».

Dès dix heures du matin, nous devons être à bord de la *Florence*, petit steamer pareil à un yacht, qui peut s'avancer plus près de la côte sablonneuse. C'est avec le cœur gros que nous disons adieu à notre *Château d'Édimbourg* où j'ai passé tant d'heures heureuses et formé de si agréables relations. Un navire est la vraie serre chaude de l'amitié. Ceux qui n'ont pas

---

(1) Ville du nord de l'Hindoustan anglais.

fait de voyage en mer ne peuvent comprendre avec quelle rapidité, sous l'aimable influence du ciel et de la mer, une simple connaissance devient un ami. Avec la même courtoisie chevaleresque qu'il a mise à veiller à notre bien-être, depuis le départ de Dartmouth, notre capitaine veut absolument présider à notre installation à bord de la *Florence*, et dans nos cabines, grandes comme une maison de poupée. La *Florence* s'élance dans la baie comme une hirondelle, et en un instant nous perdons de vue le *Château d'Édimbourg* qui nous salue de son pavillon.

En vingt-quatre heures, nous atteignons un autre petit port appelé *Est-Londres*. Les navires d'un tirant de plus de quatre ou cinq pieds d'eau ne peuvent y aborder. Le débarquement des marchandises doit être fait par des chalands qui ne se pressent pas d'apparaître. Le ciel est pur et brillant, mais le roulis ne cesse pas un instant de nous secouer; tout le monde à bord est malade, bien que ce soit, prétend-on, un jour calme. Mon petit Georges s'évanouît presque de douleur, quoiqu'il ait supporté sans souffrances nos précédentes traversées. J'apprends

avec joie la présence du bateau de sauvetage.
Le bon capitaine de la *Florence* m'offre de débarquer les enfants, la bonne et moi, et de nous épargner ainsi huit ou dix heures de tortures. Dans mon heureuse ignorance de ce qu'est un débarquement à Est-Londres avec une barre à franchir, j'accepte volontiers. On nous entasse dans le grand bateau, et un remorqueur nous entraîne. Au début, tout alla bien, mais près du rivage les difficultés commencèrent. La rapidité du courant força le remorqueur à nous lâcher, et nous dûmes nous tirer d'affaire tout seuls. J'entends notre capitaine qui s'est assis près de moi et du pauvre petit Georges évanoui dans mes bras, échanger un adieu avec le capitaine du remorqueur. La minute d'après il me crie « Attention ! » et donne rapidement des ordres. Je vois d'un côté le sable que la vague en se retirant a laissé à nu, et dans lequel le bateau semble chercher à s'enfouir comme un serpent; de l'autre, s'élève au-dessus de nous une immense vague verte frangée de blanc et recourbée, qui fond sur nous comme un monstre dévorant. Si cette lame se brise dans la barque, nous serons à coup sûr tous précipités.

Je regarde, pour la dernière fois dans ma pensée, la bonne toute pâle tenant sur ses genoux le baby qui tette tranquillement son biberon. Je vois deux marins la saisir avec l'enfant et les tenir d'une main, tandis que de l'autre ils s'accrochent désespérément au banc des rameurs. Un énorme matelot pèse de tout son poids sur Georges et sur moi. J'entends des cris mêlés au mugissement de l'eau, et nous sommes jetés juste contre le débarcadère, toujours dans le bateau, mais tout trempés et terriblement effrayés. En revenant sur mes impressions, je vois que ce n'est pas la vague suspendue au-dessus de nos têtes qui m'a causé le plus de frayeur, mais le sable brillant d'un éclat *cruel* qui nous aspirait silencieusement et graduellement. Nous étions tous si tremblants qu'il ne nous était guère plus facile de nous tenir debout sur le sol que sur l'eau. Et ce fut avec une démarche de gens ivres qu'à travers une rue creusée dans le sable, nous atteignîmes un hôtel d'aspect peu engageant. Il me fallut un effort de courage pour déposer le pauvre petit Georges sur un sofa extrêmement sale. Mais la maîtresse de la maison avait bonne apparence, et à la fin d'un excellent déjeuner, nous nous trouvâmes remis et en disposition de rire de nos dangers passés. Au dehors, des pigeons privés roucoulaient au milieu de charmants arbustes tout fleuris, et il régnait une douceur et une fraîcheur délicieuses dans l'air ensoleillé.

Une heure après, *Capitaine Florence*, comme Georges appelle notre nouveau commandant, vient nous chercher pour nous faire visiter la ville. Il nous mène d'abord en traversant la rivière à l'endroit où un nouveau chemin de fer se construit rapidement. Une locomotive toute neuve est sous vapeur. Nous sommes reçus par l'énergique surveillant des travaux. Après m'avoir expliqué quelle grande distance dans l'intérieur des terres le nouveau chemin de fer était destiné à parcourir, et avec quelle rapidité il progressait, considérant les difficultés que l'on rencontre dans l'Afrique du Sud aussi bien pour construire un chemin de fer que pour blanchir un mouchoir de poche, il offre de nous faire parcourir sur la machine toute la voie terminée. Je n'ai jamais passé dix minutes plus ravissantes que celles employées à traverser comme un trait ce pays qui semble un grand parc. Je m'aperçois que mes jupons de serge commencent à sentir le roussi, je vois devant moi des morceaux de rails peu rassurants, mais je suis trop transportée pour songer au danger ou aux petits désagréments, et je suis tentée de me faire l'écho de mon fils, qui crie « *encore!* » lorsqu'arrivés au bout il nous faut descendre. Nous nous consolons un peu en admirant la machine qui broie les roches comme si elles étaient des morceaux de sucre, et la future station qui promet d'être jolie et commode. Vous êtes si accoutumés à parcourir selon votre caprice toutes les parties du monde civilisé, que vous ne pouvez vous faire une idée juste du bienfait d'une première ligne de chemin de fer dans un pays neuf; et cela, non seulement pour les voyageurs, mais surtout pour le transport des marchandises, et la liberté rendue ainsi à des milliers de bêtes de somme et de conducteurs, dont le concours est nécessaire pour d'autres services.

L'effet de l'ouverture d'une ligne se fait rapidement sentir dans les districts les plus éloignés. La main-d'œuvre est la grande difficulté de ce pays et on a besoin de toute sa patience pour regarder travailler les Cafres ou les Coolies. Le blanc ne peut ou ne veut travailler de ses mains. Les matelots même sont des nègres efflanqués, à l'air indolent qui soupirent et gémissent beaucoup plus qu'ils ne travaillent.

Après un goûter dans la charmante petite maison pompéienne du directeur des travaux (car, ici, on mange toutes les deux heures), deux jolis chars du Cap nous mènent visiter le jardin d'un Hollandais qui a toute la passion de ses compatriotes pour les fleurs. Il cultive aussi les fruits. Les ananas vivent côte à côte avec le jasmin, les fraises avec le chèvrefeuille. Les orangers, les bambous et les gommiers forment la clôture du jardin. Au milieu se trouve une double plate-forme à laquelle on accède par une échelle raide. On domine de là un paysage légèrement ondulé, borné à l'horizon par la ligne d'un bleu profond de la mer dont les vagues frangées de blanc viennent se briser sur la barre.

On rencontre dans ce pays-ci fort peu d'animaux et leur absence m'attriste. Les quelques chiens qui errent dans les rues sont d'espèce abâtardie. Les beaux chiens, me dit-on, ne prospèrent pas ici. Ils sont sujets à une espèce particulière de maladie : les tiquets les piquent, la perte de leur sang les rend anémiques ; enfin ils dégénèrent invariablement. Les chevaux et les bœufs sont malingres, chers d'achat et de nourriture, et difficiles à conserver. Je ne rencontre que peu de chats et un oiseau privé est une rareté. Pourtant, comme j'étais sur la plate-forme, je vis voler au-dessus de ma tête un bel oiseau de la grosseur d'un corbeau ; ses ailes étendues avaient au soleil les couleurs de l'arc-en-ciel : à l'ombre elles semblaient être en velours noir. Je demande son nom à notre hôte qui me répond vaguement « c'est une sorte de corbeau. » Sur ce renseignement précis, nous quittons la plate-forme et chargés de fleurs nous remontons dans nos chars du Cap. Je remarque que les cochers font arrêter leurs chevaux immédiatement en sifflant doucement. Nous gagnons par un chemin exécrable le bord de la rivière Buffalo, que nous traversons sur un ponton.

Avant de quitter Est-Londres, il nous reste à voir les plans de la nouvelle rade chez le surintendant des travaux. Mètre par mètre le sable apporté par la rivière Buffalo sera enlevé ; deux grandes jetées de maçonnerie s'étendront au delà des écueils et le lit de la rivière sera tellement rétréci, que le courant entraînera les sables au large au lieu de les laisser former une barre comme maintenant. On construira des phares, et dans un temps assez proche, Est-Londres deviendra le port le plus sûr de toute la côte. Le chemin de fer une fois prolongé selon les projets à 200 milles dans les terres, Est-Londres sera réellement une ville florissante ; maintenant même, les travaux entrepris lui donnent un aspect des plus animés. Ces grandes entreprises sont entre les mains d'hommes aussi intelligents qu'énergiques. Il me faut courir à l'hôtel, payer une note fort modérée, mais surtout implorer de l'hôtesse une demi-bouteille de lait pour faire déjeuner Georges demain matin, car il ne supporte pas le lait conservé. Le beurre et le lait sont parmi les principales difficultés matérielles d'une famille en voyage ; l'un et l'autre sont rares et mauvais, et le beurre salé d'Irlande en tonneau est un objet de grand luxe.

Nous voici de nouveau sur le pont du remorqueur. *Capitaine Florence* nous a assuré qu'il n'y avait cette fois aucun danger à franchir la barre. Il tient sa parole, mais nous sommes encore violemment secoués. Les vagues nous recouvrent entièrement. Georges et moi sommes mouillés jusqu'aux os, mais nous nous secouons comme des chiens de Terre-Neuve et nous sommes prêts à recommencer, tant cette agitation nous amuse. Il s'agit d'aborder la *Florence* dont une des embarcations est envoyée à notre rencontre. Ce n'est pas une entreprise facile que de grimper à l'échelle du navire. *Capitaine Florence* montre une grande décision ; personne ne doit bouger qu'à l'appel de son nom, mais alors ils doivent obéir sans hésitation.

« Passez le baby » est le premier ordre donné, et cet étonnant baby est passé de main en main par les plis de sa petite robe bleue. Quand j'atteins enfin le pont du navire je retrouve baby dans les bras du maître charpentier tirant d'une main la barbe du pauvre homme, et de l'autre essayant de saisir la lueur qui brille dans son joyeux œil bleu. Le matelot débonnaire n'est pas fâché de me restituer son fardeau.

On lève l'ancre, et le lendemain matin, je suis appelée sur le pont pour admirer les *Portes de Saint-Jean*. Ce sont de grandes roches granitiques qui s'avancent dans la mer à l'embouchure de la rivière *Umzimoubu*. J'avais tant entendu vanter la beauté de cette côte que je la trouve fort au-dessous de sa réputation. Pourtant l'aspect est plus riant à mesure que nous approchons de la belle terre de Natal. Les collines s'élèvent de distance en distance ; nous distinguons à la lorgnette des espèces de meules de foin. Ce sont en réalité des huttes cafres. Il est difficile de savoir de quoi les habitants subsistent car on ne découvre nulle trace de culture. Pourtant, à la limite de *la terre de personne* et du Natal, les habitations deviennent plus nombreuses et l'on voit sortir, en rampant, des ouvertures basses qui servent de porte aux huttes, des enfants nus, gras comme de petits loirs. Ils vivent, me dit-on, de petit lait, car un palais cafre n'apprécie que le goût du lait aigre ; et d'une sorte de bouillie faite de *mealies* ou maïs concassé : c'est la principale nourriture des bêtes et des gens.

Nous voici devant un point fort reconnaissable par un éboulis de roches aux couleurs étranges et les restes d'une grande chaudière de fer. C'est là qu'il y a plus de cent ans le magnifique clipper *Grosvenor* vint se briser. On raconte une terrible histoire sur ce naufrage. Les hommes périrent ou furent massacrés; quelques femmes portées sur la côte, furent conduites dans les kraals des chefs cafres. Quels maris furent ces robustes guerriers pour leurs épouses involontaires, la tradition est muette à cet égard. Mais le fait est que leurs descendants sont presque tous fous ou idiots.

A mesure que le soir s'avance un brouillard épais me cache la côte, et malgré mon désir de voir la lumière du port de Durban (1), il faut me réfugier dans ma petite cabine.

---

(1) C'est le port de la province de Natal. Il devrait s'écrire d'Urban, car c'est le nom d'un ancien gouverneur de la colonie.

LETTRE III.

La belle terre du Natal. — Débarquement à Durban. — Arrivée à Maritzbourg et au cottage.

Vers minuit le bruit des chaînes de l'ancre et le changement de mouvement du navire nous apprennent que nous sommes devant la barre. Il nous faut encore attendre le remorqueur, mais hélas! il faut abandonner l'espoir de déjeuner à terre. Le remorqueur, vu l'état de la mer, ne peut prendre que les dépêches; les passagers, me dit-on, ne débarqueront pas avant l'après-midi. Mais le temps, je dois le reconnaître, passa pour moi plus vite que je ne l'espérais, car malgré le vent et la pluie un petit bateau de pêche amena Frédéric (1) à bord. Nous avions tant à dire, que selon l'expression de Georges, « *il fut après-midi tout de suite.* » On hisse les signaux, l'ancre est encore une fois le-

---

(1) Sir Frédéric Barker, son mari.

vée, tout le monde est sur le pont et sur le qui-vive, car les cinq minutes qui vont suivre sont pleines de périls. — Gare à la vague! crie quelqu'un heureusement, car nous risquons d'être enlevés par deux ou trois paquets de mer. — Nous touchons. — Non. — Appuie sur la barre! Nous voici parmi les écueils, ballottés de tous les côtés, mais nous les dépassons et gagnons les eaux calmes. Le capitaine soulève son chapeau de paille et s'essuie le front. Toutes les figures ont une expression anxieuse et résolue. Les embarcations entourent le navire comme des mouches. Le baby caressé et embrassé par tous est passé une dernière fois de mains en mains, et nous ramons vers la plage sablonneuse de la *Pointe.*

Quelques entrepôts ou plutôt des hangars servant d'entrepôt aux marchandises paraissent composer la ville de Durban. Quelques trains apathiques font le trajet du débarcadère à la ville, de demi-heure en demi-heure. La distance est d'un mille et demi. Un de ces trains s'ébranle comme nous débarquons et il nous faut attendre le suivant sous un soleil de plomb. Heureusement la qualité principale des colons est le dévouement aux nouveaux arrivants. Un gentleman met sans hésitation à nos ordres la jolie voiture dans laquelle il est venu au port. C'est là une offre trop tentante pour être refusée et nous gagnons l'hôtel lentement, les roues de la voiture enfonçant dans le sable jusqu'au moyeu. Notre auberge est d'aspect assez nu et le mobilier n'y abonde pas, mais elle semble propre et tranquille et, comme dit la bonne de mes enfants : nous allons pouvoir nous retourner.

Les coolies envahissent la ville. De pittoresques vendeurs de fruits et de poissons se pressent sous notre véranda, et les récentes pluies ont donné à toute chose un aspect de propreté et de fraîcheur. Avec l'impatience de mouvement de personnes longtemps renfermées, il nous faut malgré la fatigue aller nous promener pendant deux heures. Heureusement le jardin public est proche, mais nous nous trouvons si las que nous sommes heureux de gagner nos chambres étroites et nos lits durs.

Les deux journées suivantes sont employées à rassembler nos colis : *tubs*, chaises d'osier, paniers, etc., nous les comptons et recomptons à satiété, mais c'est à quoi nous condamne une course à travers le monde avec des enfants. Pendant les intervalles de ma chasse au colis n° 5 et à la caisse n° 10, j'ai fait d'agréables connaissances et reçu d'aimables lettres de bienvenue écrites par des amis inconnus. Cette cordialité aide l'étranger à oublier « son peuple et la maison de son père » : le *home* heureusement est transportable.

Dans nos rares moments de loisirs nous visitons le jardin botanique plein d'arbustes curieux, et une sorte de Richmond appelé *la Berea* où les habitants riches ont leurs villas entourées de parcs à la végétation tropicale. Chaque villa jouit de la vue de la mer, et on comprend l'empressement des riches négociants à quitter la ville sitôt leurs bureaux fermés.

Il règne une guerre permanente entre Maritzbourg et Durban au sujet de leur climat respectif (car je me considère déjà comme une citoyenne de Maritzbourg). Nous sommes à deux mille pieds au-dessus du niveau de la mer, et n'avons pas assez de pitié pour les Durbanites, qui occupent une position chaude et malsaine. Ils répondent qu'ils sont beaucoup plus vieux que nous, ce qui est une qualité pour une colonie; que leur situation le long de la côte leur donne bien des ressources matérielles qui nous manquent, et qu'enfin leurs orages ne sont rien comparés à ceux de nos montagnes; quant à la poussière, nous sommes égaux.

Frédéric désirait beaucoup me faire admirer le lever du soleil de la pointe du sémaphore. Je partis donc avec Georges sous la garde d'un robuste Cafre portant l'indispensable panier aux provisions. Mais notre zèle fut mal récompensé, et bien qu'arrivés à l'heure voulue, le soleil refusa obstinément de se montrer, et la matinée resta brumeuse et humide.

Notre retour se fit par un chemin de fer si lent que les voyageurs en descendent sans arrêt. Les wagons tiennent du compartiment de 3ᵉ classe et du fourgon à bestiaux; tout le monde y est entassé de la façon la plus démocratique. Le bois est le seul combustible employé, encore le ménage-t-on, car il est fort cher.

Il me restait encore beaucoup de préparatifs avant le départ, notre voyage de cinquante-deux milles devant durer fort longtemps. Vous pouvez comparer le train express de Brighton et notre expédition comme les extrêmes de la vitesse. Sur les trois heures le fourgon du gouvernement était à notre porte. C'est une lourde machine traînée par huit mules et conduite par deux cochers qui paraissent avoir adopté le système de la division du travail, car l'un tient les guides les plus compliquées que j'aie jamais vues, et l'autre brandit deux ou trois fouets de différentes longueurs. Nos conducteurs sont noirs tous les deux, non pas Cafres, mais Hottentots descendants des anciens esclaves faits par les Hollandais. Ils paraissaient être une paire d'amis et tenaient conseil ensemble à chaque ornière qu'ils rencontraient sur la route. Bien que la pluie n'eût pas tombé longtemps, les ruisseaux étaient pleins d'une eau rouge épaisse, et la poussière formait des gâteaux d'argile rouge aussi. Le fourgon fermé de trois côtés par des rideaux de cuir pouvait contenir huit personnes, mais heureusement pour les pauvres mules, nous n'étions que cinq sans compter les enfants. La route au sortir de la ville était charmante, mais la pluie recommençait, et arrivés à Pinetown après un trajet de quatorze milles seulement, les chemins détrempés avaient tellement harassé notre attelage, que nous fûmes heureux de passer la nuit dans une auberge propre et confortable qui aurait fait honneur à n'importe quelle colonie.

Malgré le mauvais temps qui nous fit hésiter un moment à repartir le lendemain matin, nous fîmes avant déjeuner une bonne étape, et pendant que nous prenions le meilleur repas que j'aie encore fait dans le Natal, nos mules mises en liberté attendaient en se roulant dans l'herbe que leur avoine fût prête. La station suivante présentait un aspect moins favorable. Nous n'y restâmes que le temps indispensable et avec la perspective d'une belle soirée, nous nous remîmes en route. L'aspect du pays avait été charmant pendant tout le voyage, particulièrement près du passage de l'Inchanga. Des collines ondulées, ornées de bouquets de bois comme dans un parc anglais, sont dominées par des chaînes plus hautes aux teintes rouges ou violettes. Au milieu des riches prairies on découvre les kraals des Cafres, et l'on reste convaincu que les enfants du sol ont gardé pour eux les endroits les plus favorisés.

Les dernières heures de notre voyage sont

comme toujours les plus pénibles. Les mules tirent bravement, mais leurs oreilles oscillent de tous côtés au lieu d'être droites comme au début. Les conducteurs les encouragent, les appelant par leur nom et celui qui tient les fouets ménage moins les coups. Les enfants sont depuis longtemps las de la réclusion dans cette sombre voiture fermée. Nous sommes tous noirs ou bleus des contre-coups reçus en tombant dans les ornières qui se trouvent à chaque mètre de la route, cependant la vue de notre petite montagne de la Table soutient notre courage. Nous la dépassons; voici l'emplacement de Maritzbourg masqué par un bouquet d'arbres. Les mules font les mêmes remarques et sentant leur écurie, trottent vivement. Encore une montée, puis nous faisons un détour sur la grande route, et au milieu des jeunes plantations, sous les roses, les chèvrefeuilles et les passiflores de la large véranda, voici notre nouveau *home*, avec sa vue ravissante et son grand toit de tuiles rouges, s'avançant comme pour souhaiter la bienvenue aux voyageurs fatigués.

LETTRE IV.

L'habitation de lady Barker. — Les domestiques cafres. — Jack le Zoulou. — Les roses du Natal.

Maritzbourg, novembre 1875.

Au commencement du mois, le temps était délicieux et le climat parfait. Mais maintenant (j'écris à la fin), l'air devient chaud et très lourd. Si des gens peuvent être excusés de parler du temps qu'il fait, c'est assurément nous Nataliens, car, particulièrement dans cette saison, il varie d'heure en heure. On n'entend parler que de navires s'entrechoquant et venant se briser dans les rades ouvertes qui font ici l'office de ports. Il y a quelques jours à peine que le bateau de sauvetage portant le courrier anglais, chavira en franchissant la barre de Durban. L'accident nous fut annoncé par un télégramme vague comme ils le sont tous, et d'autant plus effrayant. On y parlait des sacs de dépêches flottant au hasard, et en se rappelant la taille des récifs au milieu desquels ils nageaient, on conservait peu d'espoir pour ses lettres. Elles apparurent pourtant quelques jours après, presque réduites en pâte, il est vrai, mais encore lisibles, bien que les enveloppes fussent tellement collées aux feuilles, qu'il fût impossible de les séparer.

J'étendis mes lettres sur une serviette pour les sécher et tournai les pages avec un couteau et une fourchette. Nous fûmes trop heureux d'avoir notre correspondance même dans cet état, car c'est une joie inexprimable pour des exilés comme nous de recevoir des nouvelles du pays.

Mais revenons à notre climat. Ce fut d'abord la perfection même ; de claires journées dont une fraîche brise tempérait la chaleur même à midi, faisaient place à des nuits presque froides mais sans humidité. Cela dura une quinzaine. La campagne était ravissante sous sa verdure printanière étendue sur les collines et les vallées, et faisant d'autant plus ressortir la terre glaise d'un rouge vif, qui forme le sol des routes et des sentiers. Cependant on attendait impatiemment la pluie prétendant que les citernes, les fossés n'étaient pas à moitié remplis. Vers le milieu du mois, l'atmosphère devint plus lourde et les nuages commencèrent à s'assembler en grandes masses à l'horizon et à s'étendre graduellement sur toute la surface du ciel. Le jour qui précéda la plus grande pluie ne fut pas plus lourd que les autres, mais à la nuit tombante, tous les animaux se mirent à chercher un abri. La véranda se remplit d'énormes grenouilles. Si une porte restait ouverte un instant elles entraient en sautant, puis criaient comme des oiseaux pris au piège en se trouvant acculées dans les coins. Quant aux êtres ailés, le nombre de ceux qui se précipitaient contre les vitres dès qu'une lumière apparaissait, était vraiment incroyable. J'étais occupée ce soir-là à préparer mon courrier d'Angleterre, et les fourmis ailées, grosses comme des blattes, me forcèrent à abandonner ma table à écrire, tandis que l'odeur des papillons grillés à la lampe rendait la chambre inhabitable. Quelques heures après, la pluie tombait sérieusement. Elle ne ressemblait nullement à la pluie anglaise : c'était un vrai déluge tropical. En quelques heures, il en tomba de quoi remplir notre citerne pour plusieurs mois. Je crains bien de m'être conduite cette première nuit pluvieuse d'une façon parfaitement absurde. Ma petite maison venait d'être tapissée, et le plafond, consistant en planches mal jointes et peintes en blanc, n'était pas fait pour m'inspirer confiance, car on voyait le ciel au travers malgré les tuiles qui le recouvraient. Toutes les fois qu'une rafale plus forte menaçait mes jolis papiers neufs, je sautais à bas de mon lit en proie à la terreur et parcourais la maison une bougie à la main, à la recherche d'une infiltration. Pourtant, le toit se comporta mieux qu'on ne pouvait s'y attendre, et pas une goutte d'eau ne pénétra dans l'intérieur.

A propos, il faut que je vous décrive ma maison en vous avertissant d'abord que l'architecture, d'après ce que j'ai pu observer, est encore, dans l'Afrique du Sud, tout à fait à son enfance; je n'ai pas vu depuis mon arrivée une seule jolie construction. Il serait pourtant si facile, dans ces petites maisons, de rompre par un porche ou un pignon la monotonie de la ligne! Des murs blancs avec un toit de zinc ne sont pas rares, et l'effet de l'association est nu et hideux jusqu'au moment où la nature bienfaisante vient couvrir le laid travail de l'homme, avec des guirlandes de roses et de passiflores. Beaucoup de maisons sont heureusement couvertes de tuiles, et la mienne est du nombre. Ici, toutes les maisons ont des toits avancés sur de larges vérandas, et à l'intérieur quatre petites pièces séparées par un étroit corridor. Une microscopique cuisine a été ajoutée après coup, et, comme pendant, une autre annexe ressemblant fort à une caisse à robe : c'est la salle à manger; on l'a peinte au dehors et au dedans d'une couleur bleu vif qu'il faudra bien du temps et des peines pour atténuer.

A une petite distance se trouvent l'écurie, la sellerie, etc., et une bonne chambre pour les domestiques anglais; plus loin, parmi des massifs de roses, une hutte indigène. Elle est arrivée ici à moitié construite, c'est-à-dire que la charpente avait été à moitié ajustée ailleurs, ce qui la faisait ressembler à une vaste crinoline. Elle a été depuis consolidée avec des brins de bambou attachés avec un soin infini. La dernière opération a consisté en un revêtement épais d'herbe posé sur la charpente et retenu par des cordes d'herbe tressées. La porte est la plus petite qu'on puisse imaginer et l'intérieur est aussi obscur que possible. Tout ce travail fut accompli par de solides femmes cafres, l'une desquelles, affreusement repoussante, informa ma cuisinière qu'elle venait d'être rachetée par son premier mari. La dureté des temps l'avait forcé à la vendre; elle avait été achetée successivement par trois ou quatre maîtres. Mais son premier propriétaire l'avait eue bon marché, et elle déclarait le préférer aux autres.

Le petit nombre de pièces que renferme notre habitation est imperméable, ce qui est ici le point capital, et les gros blocs de pierre brute avec lesquels la maison a été construite y maintiennent l'ombre et la fraîcheur. Quand j'y aurai fait quelques arrangements, elle sera tout à fait jolie et confortable. Il est impossible de souhaiter une vue plus charmante que celle dont on jouit de tous les points de la véranda. Nous sommes sur la crête d'une colline qui descend doucement jusqu'au fond où est bâtie la petite ville ou plutôt le village de Maritzbourg. La distance d'un mille qui nous sépare dissimule la

monotonie des rues droites, et les défauts des
monuments. La tour de l'horloge, par exemple,
fait un excellent effet dans le paysage, et rien
n'est plus gai que les toits de tuile rouge et les
murs blancs parmi les masses de verdure. Au
delà, le terrain se relève et forme d'autres collines aux flancs verts sillonnés de profondes
crevasses violettes. Il n'y a guère que deux ans
que cette petite maison a été construite et le jardin dessiné, cependant les arbres et les arbustes
sont aussi grands que si une demi-douzaine d'années avaient passé sur leur tête feuillue. Quant
aux roses, je n'ai jamais rien vu de comparable à la manière dont elles viennent ici d'elles-
mêmes. On découvre à peine une feuille sur
les branches ordinairement si laides; rien que
des masses de roses de toutes les teintes, et des
anciennes variétés dont le parfum est le plus
doux. J'en ramasse de pleines corbeilles sans
paraître les éclaircir; dès le lendemain, de nouveaux boutons épanouis ont pris la place des
fleurs coupées. La végétation est des plus vivaces;
chênes, bambous, eucalyptus, déodaras, semblent prospérer également à quelques mètres
les uns des autres, tandis que les corbeilles plus

éloignées sont pleines de daturas, dahlias, lis blancs et géraniums touffus. Mais les herbes! elles envahissent tout et font le désespoir des jardiniers. Jack le réfugié zoulou a engagé contre elles une guerre impuissante, armé d'une houe recourbée; mais il n'est qu'à moitié sérieux et s'interrompt si fréquemment pour gémir et prendre du tabac, que notre jardin, portail compris, présente l'aspect de l'abandon. L'état du portail n'est pourtant pas, il faut en convenir, de la faute de Jack ni de la nôtre : c'est un portail neuf, mais personne ne veut venir de la ville pour le poser.

La ville elle-même n'est qu'un assemblage de masures. Elle ne peut être comparée à Christchurch, la capitale de Canterbury en Nouvelle-Zélande, laquelle, il y a dix ans, était bien pavée et éclairée au gaz, tandis que Maritzbourg, pauvre ville endormie, après quarante ans d'existence (Christchurch n'en a que vingt-cinq), consiste en quelques larges rues où l'herbe croît, et qui ne sont pittoresques qu'à distance à cause des arbres qui les bordent. Par les nuits sans lune, quelques rares lampes à huile sont allumées à de grands intervalles, mais quand les étoiles brillent modérément, on se dispense prudemment des frais d'éclairage. Les rues désertes empruntent une sorte de vie et d'intérêt aux groupes de Cafres qui stationnent avec leurs charrettes et leurs attelages, attendant leur chargement. Tout l'hiver le commerce a été languissant, n'y ayant pas d'herbe pour nourrir les bœufs; mais il a recommencé, et l'on revoit les grandes charrettes grinçantes. Vingt bœufs traînent ces lourdes machines; ces bœufs sont si maigres qu'on s'étonne qu'ils puissent soutenir leurs longues cornes, et d'une stupidité obstinée sans précédent dans l'histoire des bêtes à cornes. A leur tête marche un jeune Cafre, appelé « forelooper », qui tire une corde attachée aux cornes du bœuf de flèche, et dans les moments de confusion générale tire invariablement du mauvais côté, et jette tout l'équipage dans une confusion inextricable de cornes et de jougs. Quelquefois, par une tranquille matinée de dimanche je vois cette suite de chariots campée sur les pentes vertes qui entourent Maritzbourg, et forment une pittoresque addition au paysage rustique. Près de chaque chariot une légère colonne de fumée s'élève dans l'air pur, marquant la place où se préparent les « mealies » ou bouillie de maïs, et les groupes de bœufs paissants donnent à cette scène l'animation de la vie animale qui me manque à chaque instant dans ce pays-ci.

Je n'ai remarqué, à Maritzbourg même, que deux constructions produisant quelque effet, d'abord l'hôtel du gouvernement placé au milieu d'un beau jardin et orné d'un assez joli portail, mais d'ailleurs rappelant, sauf la sentinelle montant la garde, un tranquille presbytère de campagne. L'autre construction carrée et massive renferme tous les services publics; l'idée a dû en être suggérée par le plan d'une laiterie modèle. Mais rien ne peut être comparé au bureau du secrétaire colonial qui est en face; on me dit qu'à l'intérieur cette vieille demeure hollandaise est assez confortable, mais extérieurement elle ne peut être comparée qu'à une grange ruinée dans une ferme abandonnée. Lorsqu'elle me fut montrée, j'eus grand peine à m'imaginer, me rappelant des constructions analogues dans diverses colonies, que c'était là un service public.

La police indigène est très brillante d'aspect dans son costume blanc, et doit être un objet d'envie pour ses frères noirs, à cause de la canne à pomme qu'elle a seule le droit de porter. Les natifs ont la passion des bâtons, et comme on leur défend les assagaies et les épieux qui sont des armes meurtrières et même les cannes à pomme d'un degré seulement moins dangereuses, ils s'en consolent en ayant toujours en main une baguette pour le cas où ils rencontreraient un serpent. Vous ne voyez jamais un Cafre sans quelque chose de ce genre à la main : s'il ne brandit pas un léger bâton, il a une sorte de flûte primitive formée d'un roseau, de laquelle il tire des sons aigus qui ne forment aucun air.

Physiquement les Cafres sont une belle race, leur démarche est légère, leur port droit ; mais comme les sauvages, ils ne se hâtent jamais. J'ai observé la race noire dans quatre parties différentes du globe, et n'ai jamais vu un seul individu se hâter de son propre mouvement. Il ne faut pas oublier, cependant, que c'est une idée nouvelle et révolutionnaire pour un Cafre qu'il doive faire un travail quelconque. Le travail est pour les femmes. La guerre et les loisirs pour l'homme. En conséquence, son idée fixe est d'agir aussi peu que possible, et nul Cafre ne travaille après avoir gagné assez pour acheter un nombre suffisant d'épouses qui feront le travail pour lui.

Charlie, notre groom, qui est en train de devenir un fort beau monsieur et parle *ingiliss* (anglais) à sa manière, ne daigne travailler qu'en attendant qu'il puisse acheter une femme. Malheureusement, celle qu'il préfère est un objet de prix. Ses parents demandent : dix vaches, une marmite, et une hutte indigène pour prix de sa main, ou plutôt de ses mains, et Charlie grogne et gémit en accomplissant une tâche qu'un enfant anglais de douze ans trouverait légère. C'est un singulier personnage, extrêmement orgueilleux et ne voulant obéir qu'à son maître. Il se lamente continuellement sur l'arrivée de *l'Incosa-casa* ou chefesse, des *piccaninies* (les enfants) et de leur suite, surtout du valet de chambre qu'il déteste. Charlie est un mauvais plaisant et rien n'est drôle comme l'air de stupidité qu'il prend quand le domestique français lui ordonne d'aller manger sa *pa-*

niche (1). Charlie comprend fort bien qu'il s'agit d'aller manger son déjeuner de soupe de maïs; mais il ne veut pas admettre qu'on la nomme *paniche*, préférant sa propre appellation de « scoff ». Il secoue violemment la tête et dit : « Ka, Kabo paniche; » puis, avec plusieurs signes affirmatifs : « Scoff, ya, » et, avec cet étrange baragouin composé de trois langues, lui et le Français trouvent moyen de se quereller. Charlie se moque des autres domestiques et soutient qu'il est l'*Induna*, ou directeur. Il tire les oreilles de Jack, le réfugié zoulou. Le pauvre Jack s'enfuit de son pays tout à côté d'ici vêtu seulement d'une espèce de jupon formé de trois queues de daim. Il n'y a de cela qu'un mois, et Jack est déjà devenu un *petit-maître*. Il porte ordinairement de larges pantalons, une chemise à pois bleus bordée de rouge et un collier de perles autour du cou; mais il pleure comme un baby s'il déchire ses vêtements ou si ses soutaches rouges déteignent à la lessive. Au début il ne pouvait souffrir les vêtements civilisés, même réduits à deux, et demandait à por-

---

(1) Probablement *panade*.

ter un sac avec deux trous pour passer les bras, ce qui est le compromis des Cafres lorsqu'ils sont près d'une ville, entre les vêtements et le court jupon fait de peaux de bêtes ou de bandes de cuir. Mais il en est revenu et demande continuellement quelque chose à se mettre.

Jack est le marmiton et, comme ma cuisinière est aussi Française, il est en train d'apprendre à grand'peine le langage qui lui est inutile. Je m'imagine son étonnement quand, après les trois ans de son engagement envers nous, il cherchera à améliorer sa situation et découvrira que nul que *Madame* ne le comprend.

Jack est un grand lourdaud, laid et faible, vivant dans la crainte perpétuelle qu'on ne le recherche pour la peccadille qui lui a fait passer la frontière. Il est extrêmement timide et désireux de plaire si cela ne lui donne pas trop de peine. La première fois que Jack cassa une assiette, sa terreur et son désespoir furent édifiants. Madame l'appela *maladroit;* Jack retint le mot, et, son ouvrage fini, s'assit gravement par terre tenant les fragments de l'assiette, qu'il essayait de rejoindre; mais il y renonça bientôt, déclarant dans sa propre langue que l'assiette était *morte*. Après un moment de réflexion, il dit plusieurs fois lentement : *Maldran ja*, et se donna un bon coup à chaque *ja*.

Maintenant, j'ai le regret de constater que Jack casse les assiettes et les plats sans nul remords de conscience, étant trop civilisé déjà pour se soucier de tels accidents. Toutes les fois qu'on tue un poulet (et j'ai surpris l'autre jour Jack en tuant un lentement avec des ciseaux à ongles); il s'empare d'une touffe de plumes qu'il porte gracieusement posées sur son oreille gauche. Les Cafres aiment par-dessus tout un ruban de couleur vive mis comme un bandeau autour du front. Jack est extrêmement fier de la possession d'un vieux ruban de diverses couleurs avec un fond d'or que j'ai découvert pour lui l'autre jour; seulement il ne peut décider comment il le portera et vient souvent, son ruban à la main, me consulter gravement à cet égard.

Le fléau de la maison c'est Tom, un jeune sauvage sortant de son kraal, être malfaisant qu'en un jour de malheur j'engageai comme garde du corps de baby. Je ne puis le perdre de vue un seul instant, car il prise constamment, fume un tabac grossier dans une corne de vache, et désirerait communiquer ces deux talents au baby. Tom porte sa tabatière, un cylindre de cuivre de deux pouces de long, dans chaque oreille impartialement, une longue fente dans le cartilage étant disposée à cet effet. Le baby n'a pas de repos qu'il ne s'en soit emparé et éternue à avoir des convulsions. Tom aime à bercer le baby et lui murmure une espèce de chant qui l'endort invariablement. Tom désire beaucoup apprendre quelques mots d'anglais, et quel ne fut pas mon étonnement, l'autre jour, d'entendre sous la véranda *ma propre voix* disant : « Qu'est-ce qu'il y a, chéri? » Le baby avait pleuré peu auparavant. Tom m'avait entendu prononcer ces quelques mots et remarquant leur heureux effet, il les avait retenus et les répétait à la façon d'un perroquet, comptant s'en servir à la prochaine occasion comme d'une sorte de charme. Je crois que le pauvre baby lui-même fut intrigué.

L'autre soir j'avais permis à Tom de rouler la petite voiture dans le jardin, mais devenant vite inquiète, je sortis à sa recherche et trouvai Tom riant aux éclats en contemplant le baby qui se faisait les dents sur un pauvre petit oiseau à moitié mort de peur. J'étais si en colère que je tirai presque les oreilles de Tom. Je le fis remonter à l'arbre, remettre l'oiseau dans son nid, et lui fis signifier par Charlie qu'il serait privé de souper pendant deux jours; il ne craint nulle autre punition. Ces jeunes Cafres sont d'excellentes bonnes d'enfant, et les enfants anglais les aiment beaucoup. Les jeunes filles sont difficiles à se procurer. Les femmes cafres commencent de si bonne heure leur vie de labeur, qu'elles se forment moins aisément au service intérieur que les garçons.

On m'a parlé pourtant aujourd'hui d'une excellente bonne cafre, fille d'un chef. Son seul inconvénient est la dimension de sa famille. Elle a quatre-vingts frères ou sœurs, son père étant un homme riche et ayant vingt-cinq femmes, c'est-à-dire vingt-cinq esclaves dévouées qui travaillent pour lui jour et nuit sans gages. Jack le Zoulou désirait beaucoup remplacer Tom. Il suivait la bonne anglaise une serviette roulée sur les bras, berçant un baby imaginaire et disant d'un ton plaintif : « Piccaniny, Piccaniny, » ce qui voulait dire qu'il possédait de l'expérience et avait soigné un enfant dans son pays. Mais je n'ai nulle confiance en Jack le maladroit qui, de plus, est très sourd, et je l'ai renvoyé à ses pots et à ses casseroles.

Il est très curieux de voir tous les vêtements réformés de toutes les armées de l'Europe arriver ici. Les naturels du sud de l'Afrique préfèrent un vieil uniforme à n'importe quel autre vêtement, et l'effet d'une tunique courte écarlate avec des jambes nues est du dernier comique. Le stock de vieux habits anglais avec des épaulettes de laine commence seulement à s'épuiser, et est remplacé par les tuniques rouges de franc-tireurs, les jaquettes vertes et les habits gris très usés de l'armée prussienne. La Cafrerie peut être regardée comme la boutique de défroques de tous les soldats du monde. Charlie se glorifie de posséder un vieil habit gris si rapiécé et si fané qu'il a bien pu être porté par un combattant d'Inkermann, ce pluvieux dimanche matin d'il y a vingt ans. Tom s'est fait moquer de lui en apparaissant l'autre jour, vêtu d'une tunique rouge à revers de buffle et le numéro du vieux et sale 50ᵉ régiment sur la contre-épaulette. Charlie, le plaisant, s'écria :

« Sir Garnet ! » et Jack se prosternant avec affectation lui dit : « O grand Inkosi ! »

J'ai été si occupée ce mois-ci à mon installation, que je n'ai pas eu beaucoup de loisir pour visiter les environs de Maritzbourg qui sont assez jolis; le temps ne se prête pas non plus beaucoup aux excursions, la pluie ou l'orage menaçant toutes les après-midi. Un soir, malgré l'aspect peu rassurant des nuages, nous nous sommes aventurés. Le Natal n'est pas un pays favorable aux excursions, surtout pour les femmes. Il vous faut suivre le sentier tracé; malheur à qui s'aventure sur l'herbe; bien qu'étant souvent brûlée, elle se maintienne courte, vous marcherez probablement sur un serpent et certainement sur une grenouille. Vos jambes seront bientôt couvertes de petits tiquets tenaces qui s'incrustent dans la peau et meurent plutôt que de lâcher. Ils doivent être les boule-dogues de la tribu des insectes, car une aiguille pointue peut à peine les déloger. A la dernière extrémité ils enfoncent leur tête encore plus profond dans la chair et perdent ce membre important de leur corps minuscule, mais ne cèdent pas. Une goutte d'huile d'amandes douces est la seule chose qui les fasse tomber. Des myriades de petits chardons s'attachent aux jupons; leurs petites boules brunes ou vertes y forment une frange épineuse. Quant aux malheureux jupons eux-mêmes, si courts que vous les portiez, ils sont, après une promenade, ornés d'une large bande de l'argile rouge des routes; du reste, tous les vêtements acquièrent bientôt, même après avoir été lavés, un bordure uniforme d'un rouge sale.

Dans cette saison l'eau est rouge; aussi les rivières remuées par les fortes pluies d'été ressemblent-elles à des fossés bourbeux. A chaque instant je regrette l'eau limpide des ruisseaux et des rivières de ma chère Nouvelle-Zélande. Ce n'est guère qu'après une forte pluie, lorsque tous les récipients de la maison ont été mis dehors pour recevoir l'averse, que l'on peut se donner le luxe d'un bain d'eau pure ou d'un verre d'eau à boire. — Cette eau trouble rend le blanchissage très difficile. Comme remplaçant de la machine à repasser, nous avons un Cafre actif, qui plie le linge à moitié sec, le place sous une pierre plate sur laquelle il danse un temps plus ou moins long, selon sa fantaisie. Le combustible est cher et le repassage s'en ressent. Quand je me souviens de l'alarme et de l'indignation que nous avons éprouvées il y a trois ans en Angleterre quand le charbon atteignit soixante francs environ la tonne, et que je pense combien le combustible me semblerait bon marché ici à pareil prix, je ne puis m'empêcher de sourire amèrement. Tous les objets de consommation sont également chers; le lait coûte huit sous la bouteille dans cette saison, mais l'hiver il atteint douze sous. La viande coûte seize sous la livre, mais elle est maigre et si osseuse qu'elle ne fait aucun profit. Je n'ai pas goûté une parcelle de bon beurre depuis mon arrivée, et nous payons 2 fr. 50 c. du beurre rance immangeable. On m'assure que les *mealies* ou maïs concassé sont sensiblement plus chères qu'autrefois; il en est de même du fourrage. Au lieu de laisser les chevaux dehors jour et nuit hiver et été, comme dans la Nouvelle-Zélande, avec quelques mesures d'avoine de loin en loin comme régal, il faut les tenir à l'écurie, et les nourrir de paille d'avoine et de *mealies* pour prévenir la mystérieuse *maladie des chevaux* qui les tue en quelques heures. On m'assure que dans l'intérieur des terres les vivres sont bon marché et que c'est la difficulté des transports qui rend Maritzbourg dépendant de son voisinage immédiat où il n'y a guère de terres cultivées. Le chemin de fer sera donc le remède à tous nos maux.

Ah! si l'on pouvait vivre de fleurs ou que les céréales poussassent comme elles, combien la vie serait différente! Les pentes gazonnées qui nous entourent sont couvertes de fleurs : de superbes touffes de lys blancs et rouges, des bruyères, des cinéraires blanches et violettes et les massifs dorés des cytises et des genêts du Cap parfument l'air. Chaque ruisseau est envahi par des masses d'arums, et les bords sont frangés de fougères variées. C'est là le jardin de la nature ; mais lorsque la moindre culture s'ajoute à sa munificence, on obtient de magnifiques récoltes de fruits, de légumes et de fleurs, à la condition toutefois que vous puissiez induire un Cafre paresseux à bêcher votre terrain.

Il y a une quinzaine, j'ai bravé la poussière et les inconvénients d'une promenade à travers champs par un temps d'averses, car nous n'avons pu encore nous procurer un cheval convenable. Mon but était de visiter un magnifique jardin distant de deux milles. On y accède par une double avenue d'eucalyptus plantés il y a seulement neuf ans; on les croirait centenaires. La coutume générale d'enlever l'herbe autour des maisons paraît étrange et froide pour un œil anglais, mais on l'admet en apprenant la cause, qui est de ne pas fournir d'abri aux serpents. Dans le cas présent les larges allées de terre rouge m'ont paru faire un heureux contraste avec les énormes corbeilles de fleurs variées. Ce jardin ne ressemble en rien à un froid parterre anglais. Les plates-bandes sont de petits champs légèrement surélevés et bordés de plantes semi-tropicales. Les grandes cloches couleur de crème du datura s'inclinent vers le sol rouge, et la teinte bleutée des feuillages d'Australie contraste avec la sombre couleur des myrtes. Les plantes que l'on cultive en Europe dans de petits pots atteignent ici la dimension des lauriers. Chaque pilier de la véranda qui précède la petite maison, est entouré d'une plante grimpante différente, passiflore, gobéas, etc.; dans les parties ombragées se trouvaient les fougères; plus loin des touffes de verveine citronelle, un des arbustes les plus communs du Natal. Leurs panaches de petites fleurs blanches se voient dans toutes les directions.

Mais les roses sont la gloire de ce jardin. On pourrait en compter plus de cent variétés. On n'y trouve pas le rosier raide d'un jardin anglais dont les quelques fleurs veulent être admirées à distance. Non, elles poussent, comme dans l'Éden, en énormes touffes couvertes de fleurs dont chacune remporterait le prix dans une exposition d'horticulture. Je n'oublierai de ma vie une masse de ces roses jaune pâle appelées *Camp du drap d'or,* ni une plante haute de dix pieds couverte des fleurs régulières du *Souvenir de la Malmaison.* Il y avait une infinité d'autres plantes semblables dans ce jardin, les roses rouges, les roses blanches, la rose mousseuse et jusqu'à la vieille rose à cent feuilles, la plus vigoureuse et la plus parfumée de toutes.

Bien qu'une demi-douzaine de Cafres vigoureux, avec leur singulière houe, fussent constamment occupés à enlever les herbes, rien ne ressemblait moins à un jardin anglais aligné. C'était le jardin dans lequel on se figurerait Lalla Rook errant au clair de la lune avec le poëte inconnu. — Un jardin où Boccace eût pu placer les personnages de son Décameron. Un jardin de peintre et de poëte, nullement un jardin de jardinier.

Pour que rien ne manquât au charme de cette scène, on entendait dans ce silence embaumé le murmure du petit ruisseau qui bordait le jardin, et le chant du canari du Cap, (la même sorte de pinson verdâtre qui est le père de tous les canaris, et que j'ai vu pour la première fois à Madère); son chant est des plus harmonieux, et ces notes flûtées font le plus joli effet parmi les roses. De superbes papillons volent de fleur en fleur, et se posent hardiment sur le sol rouge presque sous mes pas.

Chaque jour, j'en remarque une nouvelle variété, et les phalènes que l'on découvre cachés sous les feuilles pendant les heures chaudes de la journée, sont d'une inexprimable beauté. Mon favori est un petit papillon blanc rayé de lignes horizontales rouge vermillon avec de légers traits noirs verticaux. Mais je ne le vois jamais qu'endormi. Je me réjouis que le petit Georges ne soit pas assez âgé pour désirer les empaler sur des bouchons et les conserver sous verre. Les jolies petites créatures peuvent passer sans trouble leur heureuse et courte vie.

Ma grande préoccupation pour le moment est l'achat d'un cheval. Frédéric possède un bon « cob » bai; Georges est devenu propriétaire, à sa grande joie, d'un vieux poney basuto dont il éprouve la patience tout le jour en le menant dans tous les coins de la propriété pour lui montrer *où vient la meilleure herbe*. Mais je veux un coursier pour traîner ma petite voiture et pour me porter. Frédéric et moi sommes à couteaux tirés à ce sujet. Il me propose un jeune cheval de belle apparence dont les admirateurs disent qu'il se calmera *incessamment*. L'objet de mes affections est une vieille bête qui ne tournerait pas la tête si l'on tirait à son oreille un canon Armstrong. Son propriétaire lui donne onze ans; Frédéric soutient qu'il a vu son vingtième anniversaire, que sa tête porte les traces d'une jeunesse malheureuse, et qu'il a une oreille déchirée. Je rappelle la sagesse, fruit des années, qu'a montrée le vieux cheval en traversant le marais qui est au pied de la colline que je dois traverser chaque fois que je sors de la ville (et il n'y a aucun autre but de sortie). Ce marais est une tourbière en été et une fondrière en hiver qui est, si vous vous rappelez, la saison sèche.

Outre ce tact en matière de marais, n'ai-je pas conduit l'autre jour mon vieux cheval au parc, et ne s'est-il pas comporté avec une gravité exemplaire? Malgré l'aspect endormi et désert des rues de Maritzbourg, il faut une grande expérience pour en éviter les périls. D'abord les chariots de transport avec leur long attelage dont un bœuf effrayé se précipite tout à coup sous le nez du cheval. Le conducteur choisit le moment où une voiture le croise, pour faire claquer son fouet et effrayer tout autre cheval que ma nouvelle acquisition. Quand vous avez passé l'endroit où se rassemblent les chariots et que vous croyez n'avoir plus à songer qu'aux ornières du chemin, une demi-douzaine de jeunes gens de la *jeunesse dorée* de Maritzbourg vous dépassent, s'arrêtent, retournent au galop et vous laissent aveuglée par la poussière ou étouffée par la boue selon la saison.

Lorsque enfin on atteint le parc après avoir traversé un pont de bois chancelant, on est dédommagé de ses peines. On a ménagé de larges allées de voitures rendues égales par un revêtement de schiste argileux et bordées d'une double ligne de chênes et de seringas, avec des haies de myrtes et de grenadiers. Par moment la route côtoie une petite rivière qui était un torrent fangeux quand je l'ai vue; sur ses bords, les chênes font place aux saules pleureurs. Pendant les belles soirées du samedi, la musique du régiment en garnison joue dans un espace nu sous les grands arbres. Car on ne peut jamais s'asseoir sur l'herbe dans le Natal et le croquet lui-même s'y joue sur la terre nue. Il n'y avait pas une âme dans le parc lors de ma visite, car le jour était, comme la plupart de nos jours d'été, froid et humide; mais comme nous n'avions nulle perspective d'orage pour la soirée, je me sentais capable d'affronter une vraie bruine écossaise.

Nous avons eu comme variété, un après-midi de la semaine dernière, un orage de grêle. Les grêlons étaient aussi gros que des billes. On se moqua de moi lorsque j'en fis la remarque et l'on m'assura que ce *n'était rien, rien du tout*, en comparaison de la grande grêle d'il y a deux ans, laquelle brisa toutes les tuiles et toutes les vitres de Maritzbourg, et laissa la ville dans le même état que si elle venait de subir un bombardement. J'ai vu la photographie de quelques maisons en ruines ; il est en effet difficile d'admettre que la grêle ait pu faire tant de mal. On m'a aussi conté certaines histoires d'un certain orage survenu un dimanche soir, peu avant mon arrivée. La foudre pénétra dans une chambre où une famille était assemblée pour la prière du soir, tua le pauvre vieux père avec la Bible dans ses mains, et frappa toutes les personnes présentes. Mon interlocuteur me disait : « Je vous assure que la foudre semblait être versée du ciel à pleins seaux. Il n'y avait pas d'éclair distinct, le ciel paraissait s'être ouvert et verser des flots de lumière violette. » Je n'ai rien vu de pareil jusqu'ici, mais je puis me le figurer. J'ai déjà remarqué combien la couleur de l'éclair est différente ; elle est complètement lilas, et les décharges se succèdent avec une rapidité inconnue aux régions moins électriques.

Mes dernières lettres d'Angleterre étaient pleines de lamentations sur l'humidité de la saison à Londres et de plaintes sur l'impossibilité de quitter le logis. Que savez-vous des inconvénients du mauvais temps ? Si les rues de Londres sont boueuses, au moins il ne s'y trouve pas de dangereux marécages. Il a beau pleuvoir, on a son repas confortable trois fois le jour. Ici la pluie nous menace de famine si le petit pont de bois qui nous sépare de la ville était rompu. Une matinée humide amène du pain mouillé pour déjeuner et bien d'autres inconvénients. Je suis furieuse contre vous, efféminés Londoniens, qui voulez du soleil comme complément de vos autres avantages; vous êtes trop civilisés, et la vie vous est rendue trop facile. Venez un peu ici, et essayez de tenir une maison sur le sommet d'une montagne avec des domestiques dont vous ignorez la langue, deux enfants, et un revenu restreint, et alors, comme dit le cher Mark Twain : « Vous saurez ce qui s'appelle le malheur. »

LETTRE V.

**Le premier coup de pioche. — Fêtes à Durban.
— Misères du retour. — Un postillon original.
— Les Cafres à la cour d'appel de Maritz-
bourg.**

Durban, 3 janvier 1876.

Je dois pour le moment négliger toute autre
espèce de sujet, et ne vous parler dans cette
lettre que du grand événement de notre fête
nationale, de ce *jour de l'an*, à jamais mémo-
rable. Nous avons donné le premier coup de
pioche à notre chemin de fer de l'intérieur, et
si je suis bien informée, ce coup de pioche sera
suivi d'une douzaine d'autres; mais il ne faut
pas oublier, s'il vous plaît, que nous avons des
Cafres pour terrassiers, et les Cafres ne comprennent pas le moins du monde ce que M. Car-
lyle appelle « la beauté et la dignité du tra-

vail ». Libre à vous, fiers habitants de l'ancien et du nouveau monde, de nous railler de tout ce bruit que nous faisons, à propos d'une centaine de milles de chemin de fer, vous dont le pays est sillonné dans tous les sens par le railway magique; mais pour nous, pauvres misérables, obligés de faire parcourir soixante milles d'une détestable route à une livre de sucre, ou à un peloton de fil, une telle ligne, si jamais elle s'achevait, serait un bienfait, une véritable bénédiction.

Pour mieux vous en faire comprendre l'étendue, je vais vous décrire mes journées, aller et retour, journées faites cependant par un temps exceptionnellement favorable. — Il fallut songer, en premier lieu, près de trois semaines avant notre départ, à expédier, par chariot, une couple de porte-manteaux remplis de nos gros vêtements, avec la perspective d'en être privés pour une quinzaine de jours au moins. La deuxième précaution à prendre était de s'assurer des places dans la voiture quotidienne du courrier, ce qui demandait un mélange de fermeté et de douceur non moindre que s'il se fût agi d'une crise ministérielle. Il y avait comme nous une centaine de Maritzbourgeois, désireux de se faire porter à Durban dans l'intervalle de quelques jours, mais il n'y avait pour cela que la malle, qui faisait le trajet en six heures, et un omnibus qui en mettait dix, mais qui offrait un meilleur abri, en cas d'une pluie probable et d'une chaleur assurée. L'intérieur de ces deux véhicules pouvait recevoir une vingtaine de personnes en se serrant bien, et on en refusait une centaine au moins chaque jour. Je ne sais comment tout ce monde s'y prit, ni quel moyen de transport ils se procurèrent, mais ils étaient là en grand nombre, quand le jour tant désiré fut arrivé.

La journée de l'aller fut bonne, disons perfidement bonne, car on ne pourrait que difficilement vous faire l'éloge d'une manière de voyager qui rappelait sensiblement les beaux jours de l'époque des diligences. Point de poussière (il avait plu beaucoup un ou deux jours auparavant), un véritable jour d'été avec un peu de chaleur au soleil, mais une chaleur non désagréable, car nous roulions de toute la vitesse de nos quatre chevaux, ayant en face une brise tiède et odorante. Nous voyagions aussi serrés que possible, deux d'entre nous sur le siège, avec les bagages sous nos pieds et les coudes du cocher dans nos côtes. Le léger dog-cart qui fait chaque jour le trajet entre Maritzbourg et Durban avait été échangé pour la circonstance contre une sorte de break ouvert très solide, mais aussi bien lourd, c'était visible, pour les pauvres chevaux, qui avaient à franchir collines et vallons, fondrières et souches d'arbre, avec cette charge encombrante aux talons. Pas bien longtemps, il est vrai. Nous relayions tous les sept milles, quelquefois moins, tantôt à une auberge bien tenue, qui nous offrait sous la vérandah une longue table chargée de mets appétissants, tantôt à une cabane solitaire d'où sortaient un ou deux jeunes Cafres, tirant par la bride les chevaux frais. Toutefois, je dois le dire, bien que ces bêtes fussent attelées deux fois par jour, peu ménagées et plus mal soignées, que leurs harnais fussent misérables au delà de toute expression, en somme, elles étaient toutes, sans exception, en bon état, et faisaient un service de premier ordre. Ces chevaux connaissaient à merveille la voix de leur conducteur, et répondaient à chaque cri, à chaque parole d'encouragement qu'il leur donnait. Chaque cheval avait son nom, bien entendu. Je me rappelle un attelage qui avait son Sir Garnet, pendant que les deux chevaux de volée s'appelaient Lord Gifford et Lord Carnarvon. Arrivions-nous au bas d'une côte raide, escarpée; tout respectable cheval anglais se serait mis en devoir de la monter au pas, tranquillement. Notre cocher, lui, secouait ses guides, tirait un son bruyant de son cornet, et s'écriait : « Hue! Lord Gifford; pour franchir cette côte, imagines-toi que tu es dans Victoria Cross. Hue! Lord Carnarvon; tu sais, il ne s'agit pas ici de faire séance dans un conseil de ministres. Ne laisse pas toute la besogne à Sir Garnet. En avant, mes enfants, enlevez-moi ça! » Et à peine avait-il achevé ce déluge d'exhortations, sans compter le reste, voilà que nous étions arrivés au haut de la côte, et qu'un paysage frais, charmant, s'étendait à nos pieds tout baigné de soleil. Nous traversions un pays vraiment magnifique, mais, à l'exception de quelques constructions semées çà et là au bord de la route, pas de traces d'habitation humaine dans cette vaste et fertile campagne. Comm at le chemin de fer se fraiera-t-il une voie à travers ces centaines de contre-forts enchevêtrés l'un dans l'autre, c'est ce que les ingénieurs et les conducteurs savent mieux que moi. Pour quiconque n'est pas une spécialité, ce chemin semble, je ne dis pas difficile, mais impossible. Mais, hélas! qu'il est nécessaire! Tout le long de la route de stridents coups de trompette avertissent les lourds chariots criards d'avoir à se garer. Dans l'espace de cinquante milles, j'en ai compté cent vingt, et si l'on calcule que chacun de ces chariots est traîné par un attelage de trente à quarante bœufs, on se fera à peine une idée de la façon dont un pareil mode de transport doit épuiser les ressources du pays. Quelque chose comme dix mille bœufs sont employés, hiver et été, sur cette unique route. Faut-il dès lors s'étonner, non seulement que toute marchandise coûte plus cher à transporter de Maritzbourg à Durban, qu'elle n'en coûte à venir d'Angleterre, et que le bœuf soit cher et mauvais? Comme le roulage donne plus de profit que l'agriculture, on nous dit de tous côtés que les fermes sont abandonnées, d'où il suit que le lait, le beurre et autres denrées sont rares et de basse qualité. Quand on promène ses regards sur ce nombre incalculable d'hectares de pâturages splendides, on croit faire un mauvais rêve, en songeant que nous sommes obligés d'user constamment de conserves de lait et de conserves de viande, comme moins chères et plus aisées à se procurer que le lait et la viande frais.

Toutefois, sous l'influence d'une si belle journée, nul de nous ne songeait à disserter sur l'économie politique ou sur toute autre économie. Nous riions, nous bavardions, nous absorbions quantité de « luncheons », la plupart composés de pêches et de thé. Notre cocher animait la route en nous signalant les endroits où d'affreux accidents étaient arrivés à la malle-poste. — « Vous voyez bien cette énorme pierre? c'est là justement que Lord Gifford et Lord Carnarvon prirent le mors aux dents, les maudites bêtes, et les voilà à courir à tort et à travers. Jim Stanway serra fortement la mécanique, et mit ses pieds sur les rênes; mais, bon Dieu! ces bêtes lui auraient brisé bras et jambes avant de se calmer. La roue de droite alla donner contre ce talus; tout fit la culbute dans ce bout de marais. Y eut-il malheur? Oh oui! M. Bell eut le bras cassé; un particulier qui venait des mines de diamants fut tué net, et Jim Stanway lui-même eut la tête fendue. Ce fut un cruel événement, bien triste pour le pauvre Jim, voyez-vous. »

Tous les discours de notre cocher sont entrelardés de « voyez-vous » : mais il ne se permet jamais un plus gros mot. Quant à la pipe et au cigare, même si on lui en fait l'offre, il fait une grimace fort drôle, et répond : « Non, merci. Nous avons ici un morceau de chemin qui réclame toute mon attention. — Hue, donc, Lady Barker! J'ai honte de vous, vraiment honte de vous voir ainsi la tête pendante, pour un petit bout de côte. » Il y avait de quoi s'étonner d'ouïr une semblable apostrophe et si soudaine. Mais comme mon homonyme se trouvait être une vaillante petite jument bai brun, il n'y avait d'autre parti que de rire, et de me trouver très flattée.

Nous voici enfin au milieu de la végétation tropicale qui, sur un espace d'environ douze milles, forme une sauvage et verdoyante ceinture autour de Durban. Au delà se dessine la blanche ligne d'écume des brisants qui indique l'endroit où le large torrent qui court dans la direction de l'est, forme la dangereuse barre qui sépare le port de la rade extérieure. Par-dessus cette ligne de neige qui bondit, se tord et s'élance en embruns de toute sorte, s'étend l'azur profond de l'océan Indien, et, sur tout le paysage, un splendide coucher de soleil fait flotter des nuages aux teintes de flamme et d'opale qui voguent lentement et se dispersent au gré du vent. Nos roues enfoncent dans une couche de sable blanc épaisse de plusieurs pouces, mais les rues sont gaies et animées par des coolies pittoresques drapés dans leurs vêtements de coton, par des « carts » rapides, à la mode du Cap, et par des véhicules de toute espèce. Nous sommes à Durban, vraiment à Durban, qui a fait pour nous sa toilette des jours de fête, et qui est dans le paroxysme d'une expectative portée au plus degré. A la porte attendait pour nous recevoir, nous et notre bagage, un « Cap-cart » avec un coolie chinois pour cocher, et quatre chevaux qui semblaient attelés et réunis ensemble pour la première fois. A peine montés, nous plongeons dans le sable des rues, et à peine avons-nous quitté la grand' route, que nous commençons à monter lentement, péniblement dans le sable rouge des pentes de la « Bérée », belle colline boisée ornée de villas. Terrible est cette montée; bêtes et gens, nous sommes obligés d'arrêter tous les cent pas pour laisser souffler l'attelage. Nous arrivons enfin à notre destination, à travers des champs de cannes à sucre, des plantations de café, des bananiers aux larges feuilles murmurantes : le tout entremêlé de verdures de toute espèce. Une belle maison nous attend avec ses portes hospitalières tout ouvertes. Le temps de prendre un grand bain suivi d'une tasse de thé, et nous voilà prêts pour une promenade au crépuscule, sur la large terrasse à fleur de terre qui règne des trois côtés de la maison. Quel calme profond! Comme tout est vert et embaumé! Soudain, l'éclat brûlant d'un long jour de soleil, le roulement et les cahots de la malle-poste, les efforts pénibles dans le sable, tout s'est évanoui, tout est oublié; un sentiment délicieux de calme et de bien-être succède à l'extrême fatigue de nos sens. Naturellement la conversation tombe sur la journée de demain, et ce n'est pas sans inquiétude que nous remarquons le voile de nuages sombres qui s'étend à l'ouest. — « Ce sera un beau jour », dit notre hôte, et tel il devrait être en réalité pour ces cinq mille personnes, venues de tout côté et de si loin pour voir le spectacle qui se prépare. Sans exagérer, c'est plus du quart de toute la population blanche du Natal. Parler de gagner son lit pour se coucher ne parut pas chose trop indiscrète, quoique la proposition fût faite peu de temps après dîner, et dix heures avaient sonné le lendemain, que nous étions à peine éveillés.

Beau jour, en vérité, que ce « Premier de l'an » de 1876, un splendide jour! Jour de soleil, cela va sans dire, mais avec une brise délicieuse qui se joue parmi les bourgeons et les fleurs en capricieuses bouffées, et tire une senteur différente de chaque groupe de fruits, de chaque calice qu'elle caresse. A midi, Frédérick avait revêtu son uniforme brodé d'or, et moi, j'avais mis ma plus belle robe; mais je fus saisie d'effroi, en constatant à quel point mon joli chapeau (c'était la première fois que j'avais occasion d'en mettre un depuis mon départ de l'Angleterre) faisait ressortir, exagérait la couleur tannée d'un visage bruni par le soleil. Un moment j'entretins la pensée de recourir encore une fois à l'ombre propice de mon vieux large chapeau, mais le profond sentiment du devoir que m'imposait « un premier coup de pioche », la pensée consolante qu'après tout chacun serait aussi noir que moi (erreur déplorable, car les beautés de Durban paraissaient fort blanches, nonobstant la chaleur de ce temps d'été), tout cela me ranima. Je suivis bravement Frédérick et son chapeau à claque jusqu'à la voiture qui nous attendait.

Pas n'est besoin de dire où elle va nous conduire : toutes les routes mènent aujourd'hui « au premier coup de pioche ». Nous sommes juste d'un moment en retard. Frédérick se jette à bas de la voiture, et plonge dans le sable, se démenant comme un possédé pour trouver et occuper sa place dans le cortège; nous prenons une autre direction pour assurer les nôtres sur la grande estrade. Mais avant de nous y asseoir, je crois encore de mon devoir d'aller voir la brouette, la pioche, et par-dessus tout « la première motte de gazon ». La voilà ! elle est réellement à sa place sous l'arc de triomphe; mais combien triste et flétrie ! Quelques maigres herbes brûlées par le soleil apparaissent à sa surface; mais il n'y a pas à s'en dédire, c'est une motte bien authentique. La brouette était réellement superbe, faite d'un beau bois jaune (il y en a de trois espèces) avec des raies noires, portant au centre en gros caractères : 1876. Quant à la pioche, c'était tout bonnement une pioche ordinaire, et il était de toute impossibilité de la qualifier autrement. Mais ce n'est pas le moment de rire et de s'amuser plus longtemps au milieu de ces drapeaux et de ces rameaux qui s'agitent. Voici venir un joli peloton de cavalerie légère en uniforme bleu et argent. Ce sont les carabiniers du Natal qui ont fait à leurs frais toute la route d'ici à Maritzbourg, pour assurer le bon ordre en ce beau premier de l'an. Vient ensuite une forte colonne de policiers cafres, pataugeant dans le sable avec leur drôle de démarche traînante. Ils vont, les genoux pliés, les jambes nues, marquant le pas en cadence, avec accompagnement d'une espèce de grognement ou bourdonnement barbare.

Les hommes de police ne sont pas plus à leur

place ici que mon joli chapeau. S'ils y figurent,
c'est pour l'honneur et la gloire de la circonstance. La foule est maintenue par quelques
individus disposés çà et là avec une baguette
ornée de rubans, car c'est la foule la plus paisible, la plus respectable qu'on puisse voir.

Vous chercheriez vainement une foule semblable en Angleterre ou dans tout autre pays plus
civilisé. Ici, point de filous vagabonds, point
de femmes en guenilles, d'enfants sales et mou-
rant de faim. Tous les blancs étaient bien vêtus,
bien nourris, et de l'apparence la plus honnête. Les basses classes étaient représentées par
une brillante rangée de Coolies et de Cafres
au visage luisant, au rire grimaçant, gras
comme des ortolans, surtout les bébés. La plupart des Cafres portaient des caleçons bien
blancs, et des chemises bordées d'une couleur
voyante; sur leur tête était noué un ruban écarlate. Les Coolies pouvaient être comparés à une
plate-bande de tulipes, vu l'éclat dont brillaient
les « chuddahs » des femmes, et les vestes des
hommes. Tous souriaient et paraissaient heureux. Mais l'enthousiasme fut porté à son comble, lorsque, aux sons bruyants de la clarinette

et du trombone, on vit arriver une troupe de petits enfants, parés de leurs plus beaux habits, portant des guirlandes et des bâtons de fleurs. Rien de plus gracieux que l'effet de ces petites voix, lorsque à l'arrivée en voiture du gouverneur et du maire elles entonnèrent l'hymne national. De formidables hourrahs sortant des poitrines blanches mêlés au « bayete » (salut royal) et aux « inkos » (chef), qui jaillissent des poitrines noires. Un profond silence s'établit; toutes les têtes se découvrent. C'est la voix d'un vénérable pasteur du pays qui s'élève, haute et claire, pour demander au Dieu tout-puissant la bénédiction de notre entreprise. *Amen* chantent les fraîches voix des enfants. Alors le canon tonne, la mousqueterie éclate; tous les chapeaux à claque s'agitent, et un tonnerre de nouveaux applaudissements et de cris annonce que la première motte de terre a été tranchée, retournée, chargée sur la brouette, puis déposée sur le sol, le tout d'une façon aussi satisfaisante qu'artistique.

Je vous fais grâce des discours dont la plupart étaient un peu bien longs, et vous épargne la description du luncheon monstre, qui fut offert par le maire dans la salle du Marché neuf, et ne se ressentit nullement de la rareté des subsistances amenées par l'immense foule. Il ne manquait que de la glace. Mais ici, comme dans tout le reste de la colonie, on regarde comme trop pénible de songer aux moyens de suppléer à ce qui manque. Il est temps de mettre fin à ce griffonnage. Aussi bien je ne puis nier que je ne sois malade et excédée de fatigue par cette longue journée de festivités inaccoutumées. J'attribue l'excès de ma fatigue, premièrement au poids de mon fameux chapeau, en second lieu à la longueur des discours.

Maritzbourg, 6 janvier.

On ne vit jamais contraste pareil à celui qu'offrit notre journée au retour. Ce fut l'extrême opposé du désagrément et de la misère. Nous avions attendu vingt-quatre heures au delà du jour fixé pour notre départ, afin de laisser passer les suites d'un orage accompagné de tonnerres épouvantables; mais cet orage fut suivi d'un horrible déluge de pluie. Au bout de trois jours, comme rien n'annonçait une éclaircie, nous décidâmes de ne pas attendre plus longtemps, d'autant plus que nos places à la malle-poste ne pouvaient plus être changées, comme elles l'avaient été déjà une fois. Hésiter à partir de suite, c'était s'exposer à rester une semaine de plus.

Comme j'étais bien emmitouflée, je ne m'effrayais pas de la perspective d'une route par la pluie et le froid. Qui aurait pu croire que, vingt-quatre heures auparavant, c'est à peine si l'on pouvait supporter un peignoir de mousseline blanche, que, vingt-quatre heures auparavant, un châle de dentelle était un poids insupportable, que, pendant ces journées de chaleur sur la colline de Bérée, l'objet sérieux de mon envie était un gros petit bébé d'Abyssinie noir comme du charbon? Toute la toilette de ce petit être luisant et rieur consistait en un collier de verroterie bleue. Dans ce frais et léger costume, il parcourait toute la maison, marchant à quatre pattes exactement comme un singe. Mais la digression amenée par mon petit noir abyssinien est contre toutes les règles, et je reviens à notre malle-poste.

Circonstance peu encourageante : la voiture

était restée dehors constamment exposée à la pluie des jours précédents. Qu'on eût eu la pensée de la laver ou éponger de quelque manière, il ne fallait pas y songer; en sorte que nous avions à siéger sur des coussins trempés, et à poser nos pieds dans une mare de boue rouge et d'eau. Maintenant, s'il faut dire toute la vérité, j'avais, moi, voyageuse éprouvée, fait une chose vraiment stupide. Séduite au départ par la perfide beauté du temps, j'avais tout laissé au logis, à l'exception de ce que j'avais de plus frais et de plus léger; en sorte que j'allais me mettre en route, exposée aux morsures d'un vent glacé sous une pluie battante, dans le simple appareil d'une robe blanche! J'étais, il est vrai, munie de mon fidèle et et bien-aimé ulster, mais c'était juste la moitié de ce qu'il fallait pour me tenir chaude. Cependant, comme j'avais encore une autre enveloppe, un bon gros plaid écossais, je n'aurais pas été trop mal, n'eût été la stupidité encore plus forte d'une personne qui, seule avec moi du sexe féminin, allait tranquillement prendre sa place, vêtue d'une robe de toile écrue, sans une écharpe, un châle, ou quoi que ce fût pour se défendre du mauvais temps, excepté un capuchon de calicot blanc. C'était, il est vrai, une femme française, et elle avait l'air si piteux, si abandonné, dans sa maigre toilette, que je ne pus m'empêcher de lui offrir mon plaid écossais, me fiant à l'aimable parole du cocher, qui me fit espérer la toile de quelque sac de blé à un prochain relais.

Au bout de quelque temps les sacs arrivèrent, ou plutôt c'est nous qui allâmes aux sacs. J'avais froid, j'étais trempée. L'ulster avait fait de son mieux, mais il n'est vêtement quelconque confectionné dans une boutique de Londres, qui eût pu efficacement lutter contre un si horrible temps : temps des tropiques par l'épaisseur d'une pluie continue, temps d'hiver par le vent qui coupait le visage. La rafale semblait souffler de tous les points de l'horizon; la pluie tombait par boisseaux. Mais, encore plus que du vent et de la pluie, c'est de la boue dont je souffrais; elle était plus démoralisante. A ma place, sur le siège, j'en avais sans doute ma part et davantage, mais j'étais encore mieux que dans l'intérieur où douze personnes s'étaient fourrées au lieu de huit. Les chevaux tenaient le galop, les sabots garnis d'une argile rouge et collante exactement comme s'il avait neigé, quand je reçus en plein visage un bloc de cette argile aussi gros et presque aussi dur qu'une boule de crocket, — de plus affreusement froid. Bref, il était nuit close quand nous arrivâmes à la porte d'un hôtel de Maritzbourg, après huit mortelles heures de route au lieu de six. Il n'y avait pas à songer de gagner pour cette nuit notre demeure. Le mieux était de rester où nous étions, et de profiter de la nourriture et du repos que pouvaient nous procurer un menu assez maussade et des lits durs comme de la pierre, sans parler des morsures d'innombrables cousins. La lumière du matin fit paraître dans toute son horreur le lamentable état de ma robe blanche. Je doute que toutes les eaux du Natal réussissent jamais à lui rendre son éclat premier. — Convenons qu'il y a beaucoup à dire en faveur de l'avantage de voyager en chemin de fer, principalement en temps de pluie.

Le 10 janvier.

Sûrement, direz-vous, j'ai dû faire quelque chose de nouveau, depuis « le premier coup de pioche ». Eh bien! non. C'est qu'en été, voyez-vous, on ne peut rien entreprendre en fait d'expédition, d'excursion, même à titre de simple curiosité, — soit à cause de la chaleur, soit par crainte des orages et des tonnerres. Nous en avons eu quelques-uns de fort sérieux, mais nous les saluons avec joie en considération de la fraîcheur et de la sérénité qu'ils font succéder à une atmosphère surchargée d'électricité. Il y a quelque temps, il nous est arrivé de revenir de l'église chez nous par une nuit singulièrement dangereuse et sauvage. Nous étions sortis vers six heures, par un temps calme et sans nuages, pour nous rendre à l'église. Le trajet n'est que de deux milles. Une chaleur étouffante avait régné toute la journée, sans toutefois annoncer d'orage prochain. Cependant, à peine entrés dans l'église, il s'éleva un vent violent qui chassait rapidement devant lui les nuages. La lueur des éclairs inces-

samment renouvelés rendait les coins les plus
obscurs de l'édifice aussi clairs que le jour, pendant que les coups de tonnerre faisaient trembler ses voûtes en bois au-dessus de nos têtes.
Point de pluie, toutefois, et, quand nous fûmes sortis (non sans terreur, je l'avoue, et fort
en peine de la façon dont nous pourrions regagner notre gîte), nous pûmes constater que
la violence de l'orage s'était portée ailleurs,
ou n'avait pas encore atteint la vallée où niche
Maritzbourg, et qu'elle faisait rage sur quelque point du voisinage. Je décidai donc que
nous pouvions tenter l'aventure. Il n'existe
point ici de voitures de louage, et, en attendant
que nous eussions persuadé quelque cocher de
se détourner de son chemin, toute la fureur de
la tempête eût probablement éclaté sur nos
têtes.

Il n'y avait donc d'autre parti à prendre que
d'aller à pied et de s'arranger pour monter le
plus vite possible notre colline qui est extrêmement raide. Au lieu de ce doux crépuscule
embaumé sur lequel nous comptions, le ciel
était bas, noir comme de l'encre, mais nous
avions assez de lumière, même de reste. Je ne

vis jamais de pareils éclairs. Les lueurs se succédaient de seconde en seconde, à la lettre, et éclairaient la terre et le ciel tout entier d'une lumière aveuglante, beaucoup plus vive que celle du soleil. La noirceur des ténèbres devenait tellement plus intense, après chaque trait de cette éblouissante lumière, que nous ne pouvions nous décider à avancer que pendant la durée de chaque éclair : l'instinct nous portait à ne pas bouger, muets que nous étions et glacés de terreur. Le tonnerre ne cessait de gronder et d'éclater, mais bien loin dans la vallée d'Imchanga. Pour peu que par un brusque changement de vent l'orage fût revenu sur nous, notre sort eût été bien triste en vérité. Stimulés par cette crainte, nous cheminions bravement et affrontions la raideur de la colline avec toute la vitesse et le courage dont nous étions capables. Pendant les rares et courts intervalles de ténèbres, nous pouvions constater que la place était toute couverte de vers-luisants. Pas un brin d'herbe qui n'eût sa petite lumière. Mais quand brillait de nouveau la lueur jaune et violette de l'éclair, la pâle lumière du pauvre petit ver semblait tout à fait éteinte.

Cependant les grenouilles faisaient entendre leur concert assourdissant, auquel se mêlait le cri monotone et strident des cigales.

Nous arrivâmes chez nous sains et saufs, avant la pluie heureusement. Tous nos serviteurs étaient sous la vérandah, au dernier degré de la consternation, et dans l'incertitude absolue de ce qu'ils devaient faire. Ils avaient réuni parapluies, lanternes et waterproofs; mais, comme il ne pleuvait pas encore, et qu'assurément nous n'avions pas besoin de lumière pour avancer (car, disaient-ils, à chaque coup d'éclair, ils nous apercevaient comme en plein jour, courbés et haletants), il leur était difficile de savoir à quoi se résoudre, si l'on songe surtout que les Cafres (et cela se conçoit) ont une horreur profonde, une extrême appréhension de sortir pendant l'orage. En réalité, cet orage ne gronda pas au-dessus de nos têtes et mérite à peine une mention. Il n'était que le précurseur d'un autre plus terrible qui éclata le jour suivant, et dont notre vallée eut l'entier bénéfice. Il était bien curieux de voir après cet orage les papillons semés par douzaines le long des allées du jardin. Leur beau vernis n'était ni terni, ni endommagé, leurs ailes intactes; ils étaient cependant raide morts.

17 janvier.

J'ai eu, il y a quelque temps, la bonne fortune d'assister à un lit de justice cafre, et je n'ai qu'une chose à dire, c'est que si nous, peuple civilisé, nous traitions nos difficultés légales de la même manière, chacun y trouverait également son compte, excepté les hommes de loi. La question de vaches est au fond de tous les différends entre naturels, et, le cas échéant, ils vont tranquillement porter leur plainte au juge de paix le plus voisin, qui décide au mieux de ses lumières entre les contendants. Ils se déclarent en général satisfaits de la décision; mais si le cas est grave, ou si la question ne leur paraît pas suffisamment tranchée, ils ont le droit de faire appel, et c'est précisément à un appel de ce genre que j'ai assisté récemment. Les séances se tiennent dans un bâtiment de récente construction appartenant au ministère des affaires locales, et qui est, par parenthèse, la plus jolie construction officielle que j'aie vue à Maritzbourg. Avant l'érection de ce modeste mais confortable édifice, la cour siégeait en plein air, à l'ombre de quelques grands arbres ; habitude fort pittoresque assurément, mais qui avait ses inconvénients, étant donné le climat. Le mode de procéder est tout à fait primitif et patriarcal, mais il n'en a que plus de charme.

Je ne saurais exprimer combien il est touchant de constater de ses propres yeux l'étonnante confiance, la profonde affection personnelle que professent les Cafres pour l'excellent fonctionnaire anglais qui, depuis plus de quarante ans, a été leur vrai maître, leur sage et judicieux ami. Il ne fait pas consister l'amitié à flatter leurs vices, ou à favoriser leur défaut capital qui est la paresse; il se montre un ami véritable, toujours prêt à défendre leurs intérêts, sans cesser de contribuer à leur développement moral, et à leur faire une place dans la grand champ ouvert aux travailleurs civilisés. Les Cafres connaissent peu et se soucient encore moins de la procédure lente et compliquée des tribunaux anglais. La reine sur son trône est pour eux une souveraine magnifique, mais éloignée, et nul potentat ne pourrait à leurs

yeux être comparé à leur chef propre, au roi
de leurs cœurs; — le seul homme blanc auquel, de leur propre consentement et volonté,
ils accordent le salut royal, quand il s'offre à
leurs yeux, le seul qui parle leur langue aussi
bien qu'eux-mêmes, et qui entend à merveille
leurs modes de raisonner et leurs habitudes
d'esprit. J'ai pris place dans des palais splendides, j'ai vu des rois et des empereurs traverser la
foule de leurs courtisans inclinés, mais rien ne
m'a jamais fait une impression aussi profonde
que la vue de ces pauvres gens se dressant debout tous à la fois, la main droite levée, avec de
bruyants cris de « bayete » (1), — que l'expression d'amour, d'enthousiasme, de complète satisfaction, qui éclata sur ces noirs et intelligents
visages, quand le ministre, sans suite, sans aucune espèce de pompe ni d'apparat, traversa
lentement la vaste salle, et vint s'asseoir à son
bureau avec quelques papiers devant lui. Ici,
point de greffier, point d'appariteur; personne
placé entre le peuple et la fontaine de justice.
L'extrême simplicité de la séance qui s'ouvrit

(1) C'est une forme de salutation plus respectueuse que
« Inkosi » et qui chez les Cafres ne s'accorde qu'au roi.

aussitôt, ne fut égalée que par le décorum et la dignité qui y présidèrent.

La séance ouverte, tout le monde prit place sur le parquet. Le plaignant et le défendeur étaient amicalement assis à côté l'un de l'autre, en face du bureau du ministre. Les autres naturels, au nombre d'une centaine, étaient accroupis en différents groupes. Un léger sentiment de surprise s'étant manifesté, au moment où je pris place sur l'unique siège qui restait (ils me prenaient probablement pour un clerc d'une nouvelle espèce), le ministre prit la parole pour expliquer que j'étais la femme d'un autre Inkosi, et que j'avais éprouvé le désir de voir et d'entendre comment les hommes de Cafrerie exposaient le fait de leur cause, quand s'élevait entre eux quelque conflit. L'explication fut parfaitement accueillie par tout le monde. On ne fit plus attention à moi, et on commença de suite à traiter de l'affaire qui était sur le tapis. Une sorte de précis avait été préparé pour l'instruction de M. S....., d'après le rapport original du juge de paix, en sorte qu'il m'était facile, grâce à ce document, de comprendre ce dont il s'agissait. Peu de langues sont plus agréables à entendre que le langage des Cafres et des Zoulous. Il est doux et coulant comme l'italien, exactement avec la même accentuation sur la pénultième ou l'ante-pénultième. Les « clics » qui sont faits de temps en temps avec la langue, font partie du langage et lui donnent une grâce particulière; les vocables eux-mêmes sont extrêmement harmonieux.

Mais il vous importe probablement assez peu de connaître par le menu le procès entre Tevula, *aliàs* Mazumba, et un vieil indigène dont je n'ai jamais pu parvenir à épeler le nom, à cause des « clics », — à propos de deux génisses données à ce dernier par Mamusa, tante de Tevula. Ces génisses avaient-elles été données ou seulement prêtées : c'était là le point en question. Je passe donc sous silence les plaidoieries qui firent le plus grand honneur à Tevula. Elles ont duré trois jours, et le prononcé du jugement n'a pu encore avoir lieu. J'envie et j'admire l'inaltérable patience, la constante bonne humeur de M. S..... Ce sont justement ces qualités qui rendent les Cafres si convaincus que leurs affaires ne sont pas négligées, et que leurs intérêts ne souffriront jamais entre ses mains.

Pendant que pérorait Tevula, je promenais mes regards sur l'assistance attentive et recueillie, et je m'amusais à noter les bizarres parures de ces naturels. Un grand jeune homme avait mis la main sur le couvercle d'une boîte ronde en carton, et l'avait attaché fièrement sur sa tête avec deux ficelles. L'ornement le plus commun consiste en une bande d'étoffe ou un ruban de couleur vive, quelquefois en un certain nombre de fils attachés comme un filet au-dessus des sourcils, et rapprochés d'une touffe de plumes au-dessus de chaque oreille. Mais je soupçonne que les ornements fantaisistes sont particuliers à la jeunesse dorée du pays. J'observe que les chefs et les « Indunas » ou notables des villages n'ont jamais recours à ces frivolités. Ils ne portent que de minces anneaux d'argent ou de laiton à leurs jambes droites et bien faites, ou des colliers de dents de lions ou de tigres autour du cou; encore ces objets sont-ils autant des trophées de chasses, que des ornements pour leurs personnes.

LETTRE VI.

Danger des serpents venimeux. — Tiques et moustiques. — Goût des Cafres pour l'instruction. — Détails de mœurs et de costumes. — Conseils pour se vêtir. — Histoire d'un bonnet.

Maritzbourg, 10 février 1876.

Dans le calendrier de l'Afrique du sud, février est donné comme le premier mois de l'automne. Toutefois, dans le milieu de la journée, il y a encore une demi-douzaine d'heures, aussi lourdes, aussi étouffantes que jamais. Je suis cependant obligée de reconnaître que, du moins en ce moment, les nuits sont plus fraîches, et je commence même à penser à un châle léger pour mes promenades solitaires sous la vérandah, un moment avant de me coucher. Au clair de la lune ces promenades sont assez agréables, mais quand « le commun peuple des étoiles » ne peut plus envoyer qu'une lumière douteuse à travers la brume, je me méfie et j'éprouve une crainte secrète à la pensée des reptiles et des insectes qui peuvent avoir la fantaisie de faire de l'exercice à la même heure, dans le même lieu. Je ne parle pas des chauves-souris, grenouilles, crapauds, « mantis » (1) et phalènes énormes : nous y sommes parfaitement accoutumés. Je n'ai vu moi-même dans les environs aucun serpent vivant; mais on entend à leur propos des histoires si peu agréables, qu'il n'est pas de trop de « maksiccar » (faire la ronde), comme disent les Écossais, avec une bougie, avant de commencer sa promenade de santé dans les ténèbres.

Il n'y a pas encore huit jours, une dame de ma connaissance, étonnée de voir son petit chien refuser de la suivre dans sa chambre à coucher, se livra à une perquisition de détail pour s'expliquer la répugnance et l'effroi du pauvre petit animal : elle découvrit un serpent roulé sous sa commode. Aussi les feuilles locales sont-elles pleines en ce moment de recettes

(1) Espèce de sauterelle d'un aspect difforme.

pour prévenir ou pour guérir la piqûre de ces dangereux reptiles. En effet, l'attention publique a été vivement attirée sur ce point par le fait d'un Anglais qui a été mordu ces jours-ci par un « mamba » noir (couleuvre venimeuse). Le pauvre homme, il est vrai, n'a guère eu de chances dès le commencement. Il lui fallut faire une traite jusqu'à la maison la plus voisine, et comme ses habitants n'étaient pas en possession du remède topique, il eut encore à marcher pendant plusieurs milles pour trouver un hôpital. Ce mouvement, cet exercice facilitèrent la circulation du poison dans les veines, et le cas devint mortel pour lui. Les médecins semblent s'accorder à dire que le traitement par l'ammoniaque et l'eau-de-vie est le plus sûr, et on cite un grand nombre d'exemples qui en établissent l'excellent résultat. Toutefois un certain nombre de docteurs acceptent l'ammoniaque, mais rejettent l'eau-de-vie. Cependant on rapporte l'exemple d'un enfant qui, ayant été piqué par un serpent, avala la moitié d'une grosse bouteille d'eau-de-vie pure, non seulement sans que sa raison en fût le moins du monde affectée, mais qui plus est, il guérit parfaitement, et ne s'en est jamais ressenti depuis. J'ai toujours sous la main les deux remèdes à la fois, car trois ou quatre serpents ont été tués à une douzaine de yards d'ici, et mon petit Georges est toujours fourré dans la longue pelouse voisine, quand il n'est pas occupé, à propos d'une toupie perdue, ou d'une boule de crocket, à barboter dans les fossés remplis d'un fouillis d'herbes et de fougères panachées, qui sont proprement le repaire favori des serpents. Jusqu'ici, il est revenu de ces excursions défendues sans autre dommage que d'en rapporter un certain nombre de tiques et des millions de « burrs » (1).

Quant aux tiques, je suis parvenue à surmonter mon horreur d'avoir à les extirper des boucles soyeuses du bébé, au moyen d'une goutte d'huile et de la pointe d'une aiguille. Quant à Georges, il se borne à éclater de rire à la vue de quelqu'un de ces gros monstres gonflés de sang pendu par les pattes à sa jambe. Ces tiques tourmentent cruellement les pauvres chiens et chevaux; et si lesdits chevaux n'é-

(1) Graines hérissées de pointes qui se cramponnent à l'étoffe des habits.

taient pas les plus doux, les plus paisibles, les plus pacifiques des animaux, on entendrait sûrement parler d'un plus grand nombre d'accidents. Tous leurs efforts se bornent à arracher par poignées le crin de leurs queues, le poil de leurs flancs, en se frottant contre les murs de leur écurie, ou contre le tronc d'un arbre.

Le savon de « carbolique » est d'un excellent emploi pour panser les chiens et les chevaux. Non seulement il écarte mouches et tiques de leur peau constamment labourée par des égratignures, mais il est encore un préservatif contre les plaies qui pourraient se déclarer. A vrai dire, rien ne m'effrayait autant, en arrivant au Natal, que ce que j'entendais dire des plaies vives et des furoncles particuliers au climat de ce pays. Tout le monde affirmait que la moindre piqûre ou écorchure s'envenimait peu à peu, et que rien n'était plus commun que les plaies vives sur le visage des enfants. Ces dires affligeaient mes oreilles, mais je commence à espérer qu'il y avait exagération en ceci, car lorsque Georges se coupe ou se heurte, ce qui arrive tous les jours, ou s'il gratte la morsure de quelque insecte à un mauvais endroit, je lave la partie lésée avec un peu de savon carbolique dont il y a deux sortes, l'une pour les hommes, l'autre pour les animaux, et le mal est parfaitement guéri le lendemain.

Les moustiques abondent dans la ville. Ils sont extrêmement pétulants et s'attaquent principalement aux nouveaux arrivés, mais à l'altitude où nous habitons (je parle comme si nous étions à cinq mille pieds au-dessus de Maritzbourg, et nous ne sommes en réalité qu'à cinquante) il est rare d'en voir même un seul. Je n'en dirai pas autant des « fillies » (puces) qui nous incommodent fort, bien que les planchers soient bien lavés tous les jours, à tous les étages, à l'eau de soude. Vous saurez que « fillies » est le mot employé par Charlie pour « fleas », et je trouve cela beaucoup plus joli.

Georges et moi nous attrapons par ci par là quelques mots de la langue des Cafres, bien qu'il soit humiliant de voir à quel point notre petit singe les retient plus facilement que moi. J'oublie les termes ou je les confonds, tandis que lui, une fois qu'il a appris deux ou trois phrases, il ne les oublie plus. C'est, je le répète, un langage beau et harmonieux, et pas très difficile à apprendre. Presque tout le monde ici le parle un peu; c'est la première connaissance qu'un étranger doive chercher à acquérir. Malheureusement, il n'y a pas de maîtres comme dans l'Inde, et l'on se fabrique un affreux patois entrelardé de mots hollandais. Beaucoup de Cafre dans la ville parlent anglais, et ils sont extrêmement prompts, quand ils le veulent, à saisir ce qu'on leur dit, bien qu'ils ne comprennent pas très bien la valeur de chaque expression. Il y a un savant de ma connaissance, appelé Sixpence, qui non seulement est un excellent cuisinier, mais qui sait parfaitement l'anglais, ayant séjourné plusieurs mois en Angleterre. En général, ses compatriotes, pour tout voyage, vont au Cap et en reviennent; mais Sixpence suivit son maître. Il tremble encore au souvenir des hivers de notre pays, et rien n'égale la stupéfaction que lui causèrent les membres de la corporation des décrotteurs, qui voulaient absolument lui nettoyer ses bottes. C'est là vraiment, dit-il, ce qui l'étonna le plus.

Les Cafres montrent beaucoup d'empressement à aller à l'école, et à suivre le service religieux. Il en existe plusieurs dans la ville, et l'un des plus grands embarras de mon séjour à la campagne consiste à trouver des Cafres qui veuillent quitter la ville, car ils se privent par là des exercices réguliers de la chapelle et de l'école. Il y a de cela quelques dimanches, je me rendis à une de ces écoles cafres, et je fus singulièrement frappée de l'air profondément attentif des élèves, qui presque tous étaient des jeunes gens d'environ vingt ans. Ils apprenaient à lire la Bible en langue cafre par groupes de deux, et s'aidaient mutuellement avec beaucoup d'application et de diligence. Point de regards distraits, de changements de place, de moments perdus. Ma présence n'excita pas plus leur attention que « si j'avais eu la recette de la graine de fougère, et marchais invisible ». L'instituteur — un jeune noir qui était à la tête de la classe — me demanda si j'aurais pour agréable d'entendre chanter un cantique à ses disciples, et sur mon assentiment, il lut à haute voix le premier verset de « Hold the Fort ». Tous se levèrent alors, et chantèrent le cantique (c'est-à-dire la traduction en cafre du cantique) avec vigueur et grande bonne volonté, mais sans beaucoup de justesse. — Il y avait une autre école pour les femmes et les enfants, celle-là peu considérable. Ces jeunes gens faisaient certainement de leur mieux, et la vive expression de leurs visages était des plus remarquables, principalement durant la courte prière qui suivit le cantique, et termina la classe de l'après-midi. De tous côtés, depuis mon arrivée, j'ai reçu l'avis de bien me garder de prendre à mon service des Cafres chrétiens. J'en suis encore à m'expliquer les motifs de ce préjugé. — Voulez-vous avoir un bon serviteur, me disait-on, sans cesse? Prenez un Cafre tout bourru, au sortir de son kraal. Nous en avons maintenant deux de chaque espèce, deux chrétiens et deux païens, et je ne serais pas embarrassée pour dire lequel des deux lots est le meilleur.

Je ne fais pas difficulté de l'avouer, les serviteurs cafres me plaisent à beaucoup d'égards. Ils ont besoin d'une grande surveillance; il faut leur dire tous les jours de faire la même chose, la leur répéter maintes et maintes fois; et il ne suffit pas de la répéter, il faut encore les suivre de l'œil, et s'assurer que l'ordre donné a été exécuté. De plus, ils sont très lents. Avec tous ces défauts, ils sont encore meilleurs que la généralité des serviteurs européens, qui, par leur mauvais caractère et leurs caprices, rendent la vie insupportable à leurs maîtres. Il est infiniment préférable, j'en suis convaincue, de faire résolument face au mal, et d'être décidé à n'avoir que des Cafres pour domestiques. Je sais bien que l'on s'expose à se voir immédiatement transformé en une sorte de majordome et d'employé en chef de soi-même; mais, après tout, vous êtes maître ou maîtresse chez vous; vous avez des serviteurs bons, dévoués, qui font de leur mieux, quoique gauchement, pour vous plaire. Quand il y a des enfants, alors une bonne anglaise est une grande faveur de la fortune, et sous ce rapport je suis bien partagée. — Les Cafres sont aussi beaucoup plus aisés à conduire, quand les ordres émanent directement du maître ou de la maîtresse; ils montrent beaucoup plus de bonne volonté à travailler pour ceux-ci que pour les domestiques blancs. Tom, le groom des enfants dont le vrai nom est Umkabangwana, me confia l'autre jour qu'il avait l'espoir de quitter mon service dans quarante lunes : au bout de ce temps, il serait en mesure d'acheter une quantité de femmes qui travailleraient pour lui, et le feraient vivre tranquille pendant le reste de ses jours.

Comment font Tom, Jack, ou tout autre de nos serviteurs, pour mettre de côté de l'argent, c'est ce que je ne saurais expliquer; car, excepté quelques sous consacrés à l'achat d'un tabac à priser grossier, il n'est pas un shelling de leurs gages qui ne passe à leurs parents, lesquels les écorchent sans pitié. S'ils sont mis à l'amende pour cause de bris ou faute de conduite, ils ont à tenir compte de la différence à leur inexorable famille.

Tom et Jack, prenant un bâton, me firent comprendre par une pantomime fort expressive quelles étaient les conséquences ordinaires d'un déficit. Ils ajoutaient que, selon leur père, ils méritaient par leur défaut de soin, et les coups de bâton de son côté et l'amende du nôtre. Il me paraît si dur de les voir punis deux fois pour la même faute; ils sont d'ailleurs si bons garçons, si peu disposés à se plaindre, que j'aurais beaucoup de peine, je crois, à retenir désormais sur leurs gages quelques pièces de deux sous.

Un domestique cafre gagne ordinairement une livre sterling (25^{fr},21^c) par mois, plus l'habillement et la nourriture. L'habillement consiste en une chemise et un caleçon court en toile de coton à carreaux, plus une vieille tunique de soldat pour l'hiver. La nourriture se compose d'une large ration de farine de maïs pour le « scoff ». S'il est un bon serviteur et digne que l'on s'intéresse à lui, on lui donne une bagatelle toutes les semaines pour s'acheter de la viande. Ils ont la passion de retourner à leur kraal, et il faut avoir la précaution de leur faire signer l'engagement de rester chez vous tant de mois, généralement six. Que de fois ils vous quittent après avoir usé vos soins et vos peines à leur enseigner ce qu'ils ont à faire! C'est alors la même besogne à recommencer.

J'ai vu souvent passer leurs chefs ou « indunas » retournant à leurs kraals situés au delà de nos collines. Ces kraals consistent en une demi-douzaine, quelquefois davantage, de grandes huttes, exactement semblables à des ruches d'abeilles, toujours situées sur une pente inclinée. Autour de ces huttes règne un informe essai de clôture en mottes de gazon, et quelques têtes de bétail paissent dans le voisinage. Un peu plus bas, le flanc de la colline est grossièrement égratigné par les femmes avec des houes recourbées, comme préparation à semer du maïs.

Des vaches et du maïs, ils ne demandent pas autre chose, excepté des couvertures et du tabac qu'ils fument dans un tuyau de corne de vache. C'est un peuple très gai, très joyeux, à en juger par les rires et les plaisanteries que j'entends sortir de leurs groupes, quand ils reviennent chaque jour à leurs kraals, par la route qui passe juste le long de notre clôture. Quelquefois un homme de la troupe est armé d'un parapluie, et c'est, je vous assure, un spectacle comique de voir un grand diable de Cafre, vêtu de rien du tout, tout au plus d'un sac, abriter soigneusement sa tête nue sous un rifflard en lambeaux. Souvent un autre marche en tête, jouant d'une flûte grossière, pendant que devant et derrière lui se trémoussent ses compagnons, riant et sautant comme des enfants au sortir de l'école, et tout le monde bavardant à haute voix. Jamais vous ne voyez d'homme porter un fardeau quelconque, à moins qu'il ne soit le serviteur d'un blanc.

Quand un chef ou l'« induna » de quelque kraal vient à passer par là, je le vois ordinairement monté sur un maigre bidet, revêtu de la défroque bigarrée d'un vieil uniforme, la tête nue, entourée de son cercle de cuivre, n'ayant que l'extrémité du gros doigt engagée dans l'étrier. Il est suivi de très près et avec grand empressement par sa « queue », tous hommes ornés d'un cercle de cuivre comme lui, ce qui veut dire qu'ils ont un certain avoir, et comptent pour quelque chose dans la communauté. Ils portent une poignée de verges, et suivent le pas d'amble du bidet. Ils sont suivis également de très près par quelques-unes de leurs femmes, la tête chargée de lourds fardeaux, mais qui emboîtent crânement le pas, avec de belles attitudes.

Leurs bras et leurs jambes sont nus et bien faits. Elles portent autour du corps une sorte d'étoffe grossière qui les enveloppe depuis l'épaule jusqu'au genou, en formant des plis qui charmeraient les yeux d'un artiste et feraient le désespoir du ciseau d'un sculpteur. Heureuses, réjouies, bien portantes, il n'y a véritablement pas d'autres termes pour les caractériser. Il faut dire cependant qu'elles sont paresseuses et incapables d'apprécier les bienfaits de la civilisation, à l'exception de l'argent. Sur ce point, les sauvages m'ont toujours paru d'une avidité aussi sordide que les membres d'une association de commerce, en quelque pays que ce soit.

Février, 14.

Quelques personnes qui ont le projet de venir s'établir ici, ou qui éprouvent le besoin d'envoyer quelque cadeau à des amis, me demandent ce qu'il faut emporter ou envoyer. En vérité, je ne sais trop que répondre, par la raison que mon expérience est courte, et bornée jusqu'à présent à un endroit unique. Je ne donnerai donc mon opinion qu'avec beaucoup de réserve et en confessant qu'elle repose sur l'expérience d'autres personnes qui ont fait ici un long séjour. Les seules choses que je puis me hasarder à recommander comme indispensables, sont précisément celles que personne ne m'avait dit d'emporter, et dont je me munis à tout hasard. L'un de ces objets était un ulster waterproof léger, les autres étaient un lot de ces stores pour placer à l'extérieur des fenêtres, d'un tissu vert de gazon et décorés de figures gaies. Ils viennent, je crois, du Japon. Je les rencontrai au bazar de Baker Sheet et les achetai pour quelques shillings. Ils font le bonheur de ma vie, me préservant de la réverbération du soleil et de la poussière pendant le jour, des phalènes et insectes de toute espèce pendant la nuit. Pour ce qui est de mon waterproof, je n'aurais jamais pu faire sans lui. Ici, le nécessaire des nécessaires, c'est un véritable, bon et solide waterproof. Un homme ne saurait mieux faire que de se procurer un waterproof militaire d'ordonnance pour s'en couvrir à cheval depuis le menton jusqu'aux talons. Je dis plus : on se trouve bien d'avoir coiffures et chapeaux à l'épreuve de la pluie dans cette perfide saison d'été, où un orage éclate sur votre tête quand la voûte du ciel est parfaitement bleue, et vous trempe jusqu'aux os avec un soleil brillant du plus vif éclat.

On ne saurait s'imaginer pire climat, pire pays pour vêtements de toute sorte et de toute description. Aux premiers jours de mon arrivée je crus n'avoir jamais de ma vie contemplé plus affreuses toilettes, et j'aurais été (faut-il dire moins ou plus qu'une femme), si je n'avais éprouvé quelque secrète satisfaction, à la pensée que j'étais en possession de vêtements un peu plus jolis. Ce dont je tirais le plus de vanité au fond de mon cœur étaient mes robes d'étoffe de coton. On ne peut guère convenablement porter des robes de coton à Londres, et comme j'ai pour elles une véritable passion, je me dédommageai en courant partout à la recherche de toilettes d'indienne et de batiste. Elles sont si jolies, si bon marché! et pour peu qu'elles soient bien faites, rien ne saurait être plus agréable à porter dans un pays chaud. Eh bien, c'est précisément sur la question des robes de coton que ma vanité a été punie. Mes pauvres robes! elles ne sont plus : le blanchissage les a tuées. J'en suis réduite à je ne sais quelle vieille défroque de coutil pour excursions en yacht.

Le blanchissage, comme il plaît ici d'appeler cette manière de vous détrousser, est hors de prix, et j'épuise mon imagination à trouver quelques moyens plus économiques. Mais je n'en finirais pas si je vous contais toutes mes misères en fait de détails de toilette et de vêtements. Et ne croyez pas les hommes plus heureux. En été, il est d'usage de porter ici des jaquettes et des pantalons blancs. Or, on m'assure qu'il est tout à fait agréable, quand on est pressé de les mettre, de trouver les manches et les jambes étroitement collées avec un pouce d'amidon. Les vêtements de Frédérick ont eu également à subir d'étranges épreuves, non seulement de la part de sa blanchisseuse, mais aussi en passant par les mains de son valet improvisé, Jack le Zoulou, de son vrai nom Umposhongwana, dont le zèle ne saurait se décrire. Par exemple, quand il se met le matin à brosser les habits de son maître, vous croyez qu'il se borne à nettoyer les vêtements de drap, oh! que non! Il brosse soigneusement chaque chaussette, où il introduit la main comme dans un gant, et frotte ensuite vigoureusement. Comme il faut dans ce climat si chaud des chaussettes extrêmement fines, vous jugez de ce qu'elles deviennent par l'effet de cette opération. Je ne dirai rien de sa façon de cirer les bottines en dedans aussi bien qu'en dehors, et du soin scrupuleux qu'il met à trouer une robe de serge en la frottant avec une brosse dure ; ce sont là de pures erreurs de jugement qui partent d'un brave cœur. Mais quand un autre Jack, qui fait les fonctions de marmiton, met une casserole sans eau sur le feu et la perce, quand il veut expérimenter si assiettes et plats peuvent se soutenir en l'air sans l'appui d'une table, alors, je le confesse, ma patience est à bout. Mais nos deux Jacks sont tellement imperturbables, ils sont si parfaitement, si sincèrement étonnés des déplorables résultats de leurs expériences, si malheureux d'avoir mécontenté l' « inkosa-cosa » (la maîtresse de la maison), que je me vois obligée de cesser mes objurgations en secouant la tête, ce qui est le seul moyen à ma disposition pour exprimer mon mécontentement : d'autant plus qu'ils ne cessent de répéter pendant tout le temps : « Ja, oui, yaas. » Alors je n'y tiens plus, et je m'enfuis pour rire tout à mon aise.

Je veux finir par une histoire où je n'ai pas le beau rôle, mais qui peut-être vous amusera.

Nonobstant l'expérience répétée des effets désastreux de l'humidité et de la poussière sur les colifichets, la vieille Ève se réveille quelquefois, plus forte que la prudence, et, dans les rares occasions qui peuvent s'offrir, je ne résiste pas à la tentation de porter de jolies choses. C'est particulièrement en matière de coiffure qu'éclate ma faiblesse, et voici ce qui m'est arrivé. Imaginez une douce et charmante soirée d'été. Il fait encore grand jour, bien qu'il soit un peu plus de sept heures et demie, mais nous allons passer brusquement à la pleine nuit. Nous avons reçu une invitation à dîner, à la distance d'un ou deux milles. La petite voiture découverte est à la porte : j'y monte après avoir bien enveloppé ma robe dans un immense châle. La précaution n'est point inutile, car durant l'après-midi a éclaté un orage, accompagné d'affreux coups de tonnerre, et suivi tout à coup d'un déluge de pluie. Après un ou deux marécages que nous aurons à labourer de notre mieux, nous trouverons pendant ces deux milles une boue rouge et profonde, semée de fondrières, de grosses pierres et de dangers de toute espèce. Le retour au logis en pleine obscurité ne sera pas sans anxiétés ; mais il fait grand jour, jouissons-en de notre mieux. Certainement j'aurais dû placer mon bonnet dans un carton, dans une malle, ou dans tout autre récipient de même nature ; mais nous jugeâmes que ce n'était pas la peine, d'autant plus que, vu sa petitesse, il aurait fallu le fixer solidement en sa place. Ce bonnet consistait en un fond de crêpe blanc, un petit bord plissé de même étoffe, surmonté d'une bande plate de plumes cramoisies. Arrivée à ma destination, je ne trouvai de glace nulle part. Point de femme de chambre ; rien ni personne pour m'avertir. Je fis mon entrée dans la salle à manger, dans une heureuse ignorance de l'effet produit sur mon bonnet par l'extrême humidité de l'atmosphère. Le fond en était complètement aplati, et le bord n'était plus qu'une masse de chiffons. Quant à la modeste bande de plumes, elle avait usurpé le premier rang, et se tenait droite comme un nimbe écarlate autour de ma tête inconsciente. Comment firent les autres invités pour garder une honnête contenance, je ne saurais le dire : ce qui est sûr, c'est que je n'aurais jamais pu sans rire me tenir assise en face d'une parure de tête ainsi empruntée aux Indiens Ojibbeway. Mais pas un signe, pas le moindre mot qui me fît entendre mon malheur. Il n'apparut tout à coup à mes yeux dans toute son horreur, que lorsque je fus entrée dans ma chambre et que je me vis dans ma glace. Cependant, il me restait encore une lueur d'espoir. Peut-être l'humidité de la nuit au retour avait-elle causé cette mésaventure. Je bondis dans le cabinet de toilette de Frédérick, et je lui demandai d'un ton furieux si mon bonnet était demeuré dans cet état tout le temps. — « Mais oui, » répondit-il ; à quoi il ajouta en manière de consolation : « En réalité, il s'est un peu arrangé maintenant, mais, pendant tout le dîner, il était réellement affreux. » Vit-on jamais témoignage d'indifférence plus choquant? Je lui reprochai très vivement de ne m'avoir rien dit : à quoi il me répondit froidement : — « Qu'auriez-vous pu en faire, si vous aviez été prévenue? L'ôter, le mettre dans votre poche, ou bien quoi? » Je ne sais, mais tout valait mieux que de siéger à table avec un objet sur sa tête fait pour le grand coup de balai du premier mai (1). Le rouge me monte au visage, et je m'en veux à moi-même, toutes les fois que je pense à cela.

(1) Époque où l'on procède au nettoyage général de la maison en Angleterre.

LETTRE VII.

Détails sur le climat; fréquence et caractère terrible des orages. — Scènes et paysages. — La grande chute de l'Umgeni. — La chaîne du Drakenberg.

Maritzbourg, 5 mars 1876.

Je ne puis pas dire que j'aime un pays où l'orage et le tonnerre éclatent chaque après-midi. L'un des inconvénients de cette excitation électrique en permanence est de rendre impossible de sortir pour toute promenade à pied ou en voiture. Brûlante chaleur pendant toute la journée; si un souffle d'air se fait sentir, c'est un air étouffant qui ajoute à la pesanteur de l'atmosphère, au lieu de la rafraîchir. Vers midi, de grands bancs de nuages laineux commencent à s'élever lentement au-dessus des collines du sud-ouest. Peu à peu ces nuages enveloppent l'horizon, déployant de plus en plus leurs grandes ondes grises, jusqu'à ce qu'ils aient entièrement dérobé aux regards le bleu firmament, et étendu un voile noir et frais entre les rayons implacables d'un soleil de feu et la surface calcinée de la terre. C'est toujours le moment qui agit le plus sur mes nerfs. Frédérick déclare que je ressemble exactement alors à une poule qui a couvé ses poussins. Le fait est que je serais capable à ce moment de glousser, et d'appeler toute chose et chacun à se mettre en sûreté. Si mon petit Georges est dehors seul avec son poney (ce qui est généralement le cas, car il revient de l'école de bonne heure dans l'après-midi), je pense à la grande plaine nue, au sentier raboteux ou effondré, au marais perfide. Quoi d'étonnant alors, si je ne puis demeurer en repos, et si je fais toutes les cinq minutes une expédition au dehors, tête nue, jusqu'au sommet de la colline, pour voir si j'aperçois le pauvre petit, courant dans la campagne avec son blanc « puggery (1) » flottant derrière lui. On peut être sûr que le poney ne s'attardera pas car, chevaux et vaches, qua-

(1) Voile disposé autour du chapeau comme en portent les touristes anglais.

drupèdes et oiseaux savent ce que signifient ces ténèbres soudaines, et quels dangers recèlent ces paquets de nuages noirs comme de l'encre, d'où sortent de moment en moment des grondements sourds. Je suis dans l'angoisse, même si un messager envoyé n'est pas de retour, car notre petite rivière, la bruyante Umsindusi, regarde comme rien de franchir ses rives, et de se répandre au loin et au large, changeant la basse plaine en un lac. L'effet ne tarde guère plus de quelques heures, ou même de quelques moments. Il y a plus, quelques minutes suffisent pour produire de grands dégâts, quand une rivière croît à raison de deux pieds par minute : dégâts qui ne concernent pas seulement l'espèce humaine, mais s'adressent aussi aux ponts, routes, canaux et plantations.

Cependant ces torrents de pluie particuliers aux tropiques, pendant lesquels les nuages lâchent brusquement leurs réservoirs en façon de larges nappes d'eau et non plus lentement et en gouttes, selon la méthode des pays civilisés, — ces torrents sont un soulagement pour mon esprit, car il y a des éventualités pires qu'une jaquette trempée derrière ces basses et livides vapeurs; ce sont des orages de grêle, pareils à celui d'hier, qui s'abattent sur la toiture, comme si une mitrailleuse ouvrait son feu sur notre maison, et avec des effets non moins désastreux; ce sont des coups de foudre qui frappent les plus grands arbres, et les laissent en un instant nus, dépouillés, grillés, comme si des siècles avaient passé sur leur verte et ondoyante chevelure; ce sont de larges éclairs, immédiatement suivis d'effroyables coups de tonnerre, qui semblent ébranler la terre jusque dans ses fondements. Comment s'étonner dès lors de mes anxiétés, de l'agacement de mes nerfs, jusqu'au moment où je sais que tout ce qui m'intéresse est à l'abri, quoique cet abri ne préserve guère que des déluges d'eau, et des violentes rafales du vent?

Pour ce qui est des hommes et des animaux tués par la foudre, c'est un événement de tous les jours en été; même les orages de grêle, pourvu qu'ils n'aillent pas jusqu'à bombarder la ville à fond, en laissant les maisons sans toit, ouvertes au vent et à la tempête, on n'y fait pas même attention. Celui d'hier a ravagé mes plantes grimpantes, et les a mises dans le plus pitoyable état en quelques minutes. Aussitôt qu'il fût possible de mettre le pied hors de la maison, je vins contempler les débris de feuilles et de corolles qui gisaient sur le sol cimenté de la vérandah. Il me serait difficile de vous décrire, à vous plus difficile d'imaginer en quel état le feuillage avait été réduit.

Mais cet ouragan a entraîné des événements d'un ordre beaucoup plus sérieux, et me laissera toujours désormais un sentiment d'inquiétude, à chaque tempête de vent et de pluie. La violence du vent avait fait pénétrer sous les tuiles une immense quantité de gros grêlons, qui se déposèrent sur le plancher grossier qui forme le plafond. Entre chaque planche existe, comme je vous l'ai dit, une séparation, en sorte qu'il n'était pas difficile de prévoir qu'aussitôt que la chaleur aurait fait fondre les grêlons, c'est-à-dire au bout de cinq minutes, l'eau tomberait comme par un crible. Il ne s'agissait pas ici d'une simple infiltration. L'eau tombait partout sur les canapés, sur les fauteuils, sur les lits, les tables à écrire ; et quand reparut le soleil, chaud et brillant comme à l'ordinaire, tous les meubles que pouvait contenir la maison durent être mis dehors à sécher. Entendez par sécher les tables de salon, les housses et généralement tous les meubles en bois qui se fanent et se fripent, sous l'action torride du soleil. Voilà quelques échantillons des embarras de l'existence dans le sud de l'Afrique, difficultés que l'on doit aborder et surmonter de son mieux, sauf à en rire après qu'elles ont été vaincues. C'est ce que je fais après tout, malgré ma manie affectée de grogner.

Il nous est arrivé l'autre soir une assez plaisante aventure pendant un de ces soudains orages. Figurez-vous une petite table à thé entourée de chaises de paille, placée sous la vérandah. Nous sommes six en tout : quatre chevaux ont été attachés par-ci par-là par les grooms cafres, car leurs maîtres sont venus pour prendre un peu l'air après une longue et brûlante journée de chaleur, boire une tasse de thé, et bavarder un peu. Nous faisions exactement trois paires : trois dames et trois messieurs, et nous en étions à maudire le temps et à nous plaindre de nos domestiques, selon le thème habituel de la conversation dans l'Afrique du Sud. — Il fait maintenant beaucoup plus frais, dit tout à coup quelqu'un. — C'est vrai, répondit-on ; mais regardez ces nuages ; il me semble aussi entendre murmurer la rivière au pied de la colline.

Jusqu'à ce moment, il n'était pas tombé une seule goutte d'eau ; mais à peine ces paroles étaient-elles dites, qu'un éclat de lumière aveuglante, un roulement soudain et une goutte de pluie tombant à nos pieds, large comme une demi-couronne, nous apprirent la vérité. En moins de temps que je n'en mets à écrire ces mots, et que vous n'en mettez à me lire, les quatre chevaux avaient été mis à l'écurie, et tassés dans des stalles faites pour deux, mais déjà occupées. Je me saisis du plateau et m'enfuis dans notre petit salon : un autre s'empare de la table, sans s'occuper des chaises de paille. Les coups de tonnerre faisaient tout trembler. Nous avions cherché un refuge, les deux dames et moi, dans la chambre des enfants, en apparence pour rassurer la gouvernante, en réalité pour nous presser les unes contre les autres, avec les enfants au milieu. Après éclair sur éclair, l'épaisseur des ténèbres finit par s'éclaircir, à mesure que s'éloignait l'orage. Au bout d'une heure, la tempête avait cessé, aussi brusquement qu'elle avait commencé. En ce moment, il n'était qu'un peu plus de six heures, et il restait encore assez de jour pour permettre à nos hôtes de regagner leur logis. Les chevaux furent donc amenés : les adieux étaient faits et nos hôtes partis, quand nous les vîmes revenir au bout d'une demi-heure, demandant s'il n'y avait pas quelque autre chemin pour regagner la ville, car la rivière roulait, pareille au Maëlstrom (1), sur l'étendue d'un demi-mille, de chaque côté du frêle pont de bois sur lequel ils l'avaient traversée moins de deux heures auparavant. Le seul autre passage qui restât était un gué situé à un mille plus loin, et il est clair qu'il n'y avait pas lieu d'y songer un seul moment. Comme nos hôtes semblaient réellement pressés de rentrer à leur domicile, Frédérick voulut bien retourner avec eux pour s'assurer s'il y avait moyen de passer le pont. J'attendais cependant sous la vérandah, prêtant une oreille

---

(1) Célèbre tourbillon connu sur les côtes de Norwège.

inquiète, car je pouvais entendre le fracas de la rivière dans son cours précipité, et je redoutais vivement que quelqu'un de ces messieurs ne voulût s'aventurer à tenter le passage. Mais il n'y avait pas lieu de s'y risquer ce soir, pour peu que l'on tînt à sa vie, et Frédérick revint tout joyeux, en ramenant nos hôtes comme ses prisonniers. Nous voilà donc à rire, car en vrais colons, nous n'avions pour ainsi parler d'autres serviteurs que la gouvernante, le reste n'étant que des Cafres, tous plus mal dressés les uns que les autres. Imaginez d'ailleurs le moyen de caser quatre personnes étrangères dans une maison qui n'avait que quatre chambres déjà occupées et au delà. Nous y réussîmes cependant au milieu de grands éclats de rire, par le moyen d'inventions grotesques, et de bizarres arrangements qui nous remémoraient nos chers et anciens jours de la Nouvelle-Zélande.

Le triomphe dans l'art de condenser fut cependant obtenu par le groom Charlie. Il eut la cruauté de mettre dehors ma pauvre petite voiture à poney, pour faire place aux chevaux, en disant : « Cela la lavera, Ma'; cela la fera propre. Voitures prennent pas maladies des chevaux. » Il avait raison. C'est vouer un cheval à une mort certaine, que de le tenir dehors la nuit, s'il n'en a pas l'habitude, principalement à ce moment de l'année. Le lendemain, nous étions tous debout de grand matin, et j'eus quelques moments d'anxiété sur le point de savoir si le Cafre qui fait mon marché arriverait à temps pour le pain, etc. Mais un peu après sept heures, j'eus la satisfaction de voir mon homme arpenter gaiement le terrain avec sa tunique rouge et le stick ou bâton sans lequel un Cafre ne fait pas cent mètres hors de la maison. A propos de tunique rouge, vous saurez que celle-ci fut achetée afin de l'empêcher de porter sur sa personne la petite pièce d'étoffe waterproof que je lui avais donnée pour envelopper le pain, la farine, etc. Je pus constater, en effet, que ces denrées assez délicates m'arrivaient aussi souvent mouillées et détériorées, après cette invention de waterproof, qu'auparavant. Le mystère fut éclairci quand je vis Jim avec mon panier bien posé sur sa tête; la pluie tombait sur le contenu, mais il avait le dos protégé par mon carré de waterproof attaché par les deux angles avec une corde. — Pauvre Charlie ! il a perdu ses économies, trois livres sterlings. Cela lui a causé un grand chagrin, car s'il économisait avec tant de soin son argent, c'était pour acheter une femme. Il a été volé, je le crains, par un de ses camarades de service, et mes soupçons portent fortement sur Tom, un drôle à qui l'on ne peut inculquer la moindre notion du tien et du mien, à commencer par mon sucre. Nous avons mis en mouvement la mécanique de la loi, mais sans résultat, en sorte que Charlie ne déguise plus son intention de faire venir une « Witch finder (1) », qui doit lui dire où se trouve l'argent. Je suis invitée à assister à la cérémonie. Mais, j'ai l'espoir qu'elle ne dira pas que c'est moi qui ai pris les économies du pauvre Charlie, car l'étiquette veut que, quelle que soit la personne désignée, elle ait à remettre de suite la somme perdue, que la sorcière connaisse ou non quelque chose touchant sa disparition.

(1) Proprement « trouveuse de sorciers ». On verra tout à l'heure quel était le rôle de ces femmes, chez les Zoulous, et chez les Cafres en général.

Le 10 mars.

Mon esprit est perpétuellement en balance, dans ses préoccupations entre les tempêtes d'un côté, et les routes de l'autre : les routes ont en ce moment le dessus. Je voudrais bien qu'une de ces personnes qui crient sans cesse contre les taxes et contributions (lesquelles du moins lui fournissent de l'eau pure et de bonnes routes) vînt se fixer ici pour un mois. Elle verrait d'abord l'espèce de boue rouge et liquide qui compose tout ce que nous avons d'eau à notre usage. Je voudrais ensuite qu'elle fît avec moi, le trajet d'ici à la ville, à pied, à cheval, ou en voiture, dans l'obscurité de la nuit. Je dis avec moi, car je me ferais un devoir d'appeler l'attention de mon grognard sur les diverses sortes de casse-cous qui émaillent la route. J'aimerais à le voir monter en voiture, vers sept heures par exemple, pour répondre à une invitation à dîner. Sur les sept heures du soir, le jour est particulièrement perfide, pire en un mot que la nuit noire qui le suit. — Allons, c'est décidé, nous partirons! Première précaution à prendre : examiner soigneusement les harnais pour s'assurer que Charlie n'a pas omis de serrer une courroie ou de fixer une boucle importante. Il y a une piste, il y en a même trois de chez nous à la grand'route; mais toutes les trois ont leurs dangers. Au centre de l'une court une bosse en façon de dos d'âne, avec un profond sillon de chaque côté; s'y engager serait s'exposer à voir le coffre du poney-carriage ballotter sur la bosse, et l'essieu voler bientôt en éclats. — Voici à droite un chemin verdoyant, mais aussi inégal qu'un champ labouré, et qui, pour commencer, présente deux trous épouvantables, entièrement cachés par les hautes herbes. Voici l'explication de ces trous que l'on trouve pour ainsi dire à chaque pas. Ils sont dus à un animal nocturne appelé « ant-bear » (fourmilier). Cet animal fait incursion dans les fourmilières du pays, qui sont exactement pareilles à des taupinières, mais beaucoup plus hautes, et il les creuse jusqu'au fond à la recherche des œufs de fourmis, mets délicat, mais difficile à se procurer. Un jour vous apercevez dans le gazon une petite élévation brunâtre; le lendemain c'est un trou béant. Dans la nuit, la petite république a été saccagée; la citadelle prise et rasée, les ingénieuses galeries, les grandes salles, bouleversées, les précieuses cellules des nourrissons réduites en poudre.

Si nous pénétrons là-dedans, nous n'irons pas bien loin (un cheval s'y est cassé le cou la semaine dernière). Mais, supposons que nous ayons franchi heureusement ces fourmilières, ainsi que les marais. Pour éviter ces derniers, nous aurons à faire un grand détour à gauche, sur un terrain parfaitement inconnu, où nous sommes sûrs de faire lever une grande quantité de grues cafres. Ces oiseaux sont très drôles, avec leur tête noire, leurs jambes rouges, leur corps tout blanc, exactement pareils à ceux qu'on voit dans l'arche de Noé (1); aussi nous semblent-ils de vieilles connaissances. Voici maintenant un profond, très profond ravin qui se présente en travers de la route, précédé d'une colline escarpée, à moitié chemin de laquelle nous arrivons à un joli petit bout de chemin à

---

(1) L'un de ces joujoux de Nuremberg que l'on donne aux enfants en Angleterre.

faire en voiture par un jour incertain. Vous devez prendre brusquement à gauche sur le penchant de la colline, à l'endroit même où se trouve une crevasse d'une profondeur inconnue. C'était à l'origine un canal informe que les pluies ont transformé en un trou énorme, dans lequel on regarde non sans effroi, même à pied et en plein jour. Ce danger passé, vous tomberez au pied de la colline dans un mélange de sable et de boue où alternent d'énormes blocs erratiques, et des fondrières profondes, faites par de malheureux chariots qui se sont embourbés là-dedans. Cela dure un quart de mille. Vous parvenez alors, supposé que les ressorts soient demeurés intacts, au Pont des Saules, frêle construction en bois, agréablement ombragée de saules aux rameaux luxuriants, qui baignent leur verte chevelure pendante dans les eaux bourbeuses de l'Umsindusi. Vous voilà enfin sur la grande route qui conduit à Pieter-Maritzbourg. — Que dites-vous de cet aimable bout de chemin ? On devrait en faire la photographie. Heureusement pour mes nerfs, il n'y a que de rares occasions où nous soyions tentés d'affronter pendant la nuit de tels périls, et jusqu'à présent nous n'avons pas été trop malheureux.

A cette époque de l'année où presque chaque brin de gazon porte une tique à son extrémité, une de mes occupations ordinaires consiste à extraire ces entêtées petites bêtes des bras ou des jambes de mes enfants. Tous deux se trouvent assez bien de ce séjour, sans avoir toutefois le teint aussi rose qu'en Angleterre; mais je me tiens pour assurée que l'incarnat de leurs joues reparaîtra cet hiver. Ils ont bon appétit, et profitent, de façon à étonner, de cette vie libre qui n'a rien d'artificiel. Seulement bébé ne veut pas absolument accepter sa bonne cafre. Il daigne sourire, quand Charlie ou tout autre de nos serviteurs (car il est leur favori à tous) danse pour l'amuser une danse de guerre, ou lui chante quelque chanson; mais il n'aime pas à être porté dans leurs bras. Cette bonne cafre est chrétienne. C'est une fille de quinze ans à qui on en donnerait vingt-cinq. Elle est grasse, d'un bon caractère, et très docile. Bébé ne va à elle que pour lui ôter le mouchoir bariolé qu'elle porte sur la tête; cela fait, il se met à travailler avec son collier et ses pendants de cuivre. C'est chose absurde pour un enfant anglais de tomber dans les usages de la vie des colonies. Je ne parle à tous les animaux qu'en langue cafre, car évidemment ils n'entendent pas l'anglais. Si l'on veut se débarrasser d'un chien, il ne sert de rien de lui dire, même avec mauvaise humeur : Allez coucher! Mais si Georges vient à crier : « fuhrtsack! » (c'est un équivalent purement phonétique de mon invention), le chien s'éloigne au plus vite. Il en est de même, pour un cheval. Il faut lui dire hue! en cafre, autrement il ne bougera pas; de même, il n'y a d'autre manière de le faire arrêter qu'un sifflement bas et prolongé. Les jeux de Georges sont aussi des jeux à la manière de Cafrerie.

Même les personnes d'un âge mûr sont sujettes ici à des rhumes, ce qui n'est pas étonnant si l'on songe aux brusques changements de la température qui passent de beaucoup même ceux que vous avez à supporter dans votre variable climat. Il n'y a pas plus de vingt-quatre heures, il faisait tellement froid, qu'à six heures du soir je supportais fort bien ma jaquette de loutre. La nuit venue, le froid était très piquant. Le lendemain régnait un vent chaud ; on semblait être à la gueule d'une fournaise, et ce temps n'a pas cessé depuis. J'entendais l'autre jour quelqu'un définir ce pays-ci, un pays où les gens malades se portent bien, et où les gens bien portants deviennent malades. Je commence à croire que c'est là la vraie manière de le juger. Les colons se plaignent toujours de quelque chose ; les médecins sont très nombreux par rapport à la population, et ils sont toujours très occupés. Chacun de vous dire : « Prenez patience jusqu'à l'hiver. » Quant à moi, depuis quatre mois que je suis ici, j'en ai passé trois d'extrêmement pénibles et désagréables. Cela paraîtra un jugement sévère pour un climat qui a une si bonne réputation ; mais je suis obligée de décrire les choses telles que je les trouve. J'entends dire souvent que le climat du Natal est apprécié en Angleterre au delà de toute expression. Telle n'est pas, il s'en faut, l'opinion des gens du pays. Ce qu'ils trouvent de plus encourageant à vous dire est ceci : « Vous vous y ferez. »

Howitz, le 13 mars.

On croirait difficilement qu'un endroit aussi frais, aussi charmant que celui-ci ne se trouve qu'à la distance de douze milles de ce Maritzbourg qui est si parfaitement ennuyeux. Mais il faut reconnaître que chacun de ces milles équivaudrait aisément à six en Angleterre, vu la difficulté qu'il y a à les parcourir. La course a pris trois heures aux premières fraîcheurs de l'automne accompagnées d'une brise embaumée. La route suivait une succession de collines, et à chaque sommet se déployait une vaste et agréable perspective. Nous voyagions dans une espèce de double dog-cart, dont la force et la solidité me paraissaient extraordinaires, jusqu'au moment où je me rendis compte de la nature du terrain que nous avions à parcourir, et alors je fus bien obligée de convenir qu'il aurait pu sans inconvénient être deux fois aussi solide, si cela eût été possible, car nous faisions plier les essieux, bien qu'en allant au petit pas, et avec de grandes précautions. Howitz est la première étape de la route qui, par la voie de terre, conduit aux champs de diamants; et en présence de pareilles difficultés, on conçoit difficilement que l'on ait pu organiser un service quelconque de transports.

Le soir était brumeux, comme il arrive souvent quand un soleil presque tropical a pompé l'humidité de la terre, et les plans éloignés étaient trop vagues et trop vaporeux, pour que l'image en ait pu se graver dans ma mémoire. Autour de Howitz lui-même on voit quelques petites plantations dans le creux des pentes les plus voisines, et chaque plantation abrite une petite ferme ou une hutte. Tout au plus pouvions-nous distinguer dans les fonds plus éloignés des ombres d'un bleu noir formées par des portions de forêts primitives, les premières que j'eusse encore vues. Plus près de nous, le pays a quelque chose d'un parc, mais il est totalement dépourvu de haute futaie, à l'exception de ces groupes protecteurs formés d'arbres à gomme, à l'ombre desquels d'autres arbres peuvent prendre racine et prospérer. Les arbres à gomme semblent être les pères nourriciers de toute végétation dans la colonie. Ils drainent les endroits marécageux, et les rendent propres à être habités par l'homme. Partout où ils croissent, vous rencontrez aussi des saules au feuillage délicat, ainsi que des peupliers posés en sentinelle, qu'agite toujours une fraîche brise. A ce moment, le chemin devient un peu meilleur, et nous commençons à descendre la côte. Toute la route précédente n'a été qu'un rude coup de collier, car nous nous sommes élevé à plus de mille pieds au-dessus de Maritzbourg. Le soir est tout à fait venu, amenant une fraîcheur très agréable, après la chaleur de la journée, quand voici un pont d'un aspect imposant jeté sur la rivière Umgeni. Il est permis de le qualifier tel, car il a coûté un joli nombre de livres sterlings. Après un brusque détour et l'ascension d'une rude montée au milieu des arbres, nous arrivons à l'hôtel situé au milieu d'un fouillis de lis-arums et de fougères. Howitz semble n'être qu'un composé d'hôtels, car il y en a déjà deux, et l'on est en train d'en construire un troisième. Ajoutez un petit entrepôt, et une mignonne petite église, voilà tout l'endroit. Notre hôtel est très agréable, avec une vue charmante sur l'Umgeni, qui va s'élargissant à mesure qu'il approche des hautes falaises du haut desquelles il se précipite, à quelques centaines de mètres plus loin.

Depuis mon arrivée au Natal, je me suis évertuée à découvrir une véritable montagne et une vraie rivière, non pas simplement une colline élevée, un torrent capricieux, ici une fosse, ailleurs un étang, mais une respectable rivière, assez profonde pour n'être pas boueuse.

Voici enfin le magnifique Umgeni; il est devant moi, coulant large et tranquille au sortir des collines, non sans un murmure sourd qui est l'indice de son volume immense. Nous ne perdons pas un moment. Ni le beurre réellement frais qui est exquis (pour apprécier pareille bonne fortune, il faut avoir goûté celui de Maritzbourg) ni le thé bien chaud ne peuvent nous retenir. Nous saisissons nos châles, et courons sous le crépuscule, guidés par le bruit de la rivière, à la recherche de la grande chute. Une fois en plein air, nous n'avons pas de peine à trouver la direction, et, bravant les tiques et même les serpents, nous prenons à travers champs dans les hautes herbes. Voilà la cataracte; nous sommes tombés sur elle à l'improviste. Qu'elle est belle dans sa simplicité et dans sa grandeur! Point de bouillonnement, point de brèche qui trouble la vue, et fasse perdre le sentiment de l'unité et de la masse. La rivière élargie marche en rassemblant sa force et son volume, jusqu'au moment où elle arrive à l'escarpement du roc formé de minerai de fer.

La falaise est tellement perpendiculaire que si vous jetiez un fil à plomb, il marquerait trois cent vingt pieds. J'ai vu d'autres cataractes en d'autres lieux du monde, mais il ne m'a pas été donné de contempler un spectacle plus imposant que cette même nappe d'eau rigoureusement perpendiculaire, se terminant par un nuage d'embruns et d'écume, aussitôt qu'elle touche le bassin d'en bas qui est profondément silencieux. L'eau est trouble à l'endroit où elle se jette par-dessus la falaise; on y distingue des teintes et des taches d'un jaune sale; mais les flots d'écume qui rebondissent d'en bas sont plus purs et plus blancs que la neige nouvelle. Ils entretiennent un grand banc de lycopode au pied de la falaise. Cette mousse s'agite à chaque souffle de la brise, fraîche, jeune et du plus beau vert. Des lis-arums nains, pas plus hauts que l'anémone des bois, émaillent ce plateau sylvestre. Une grande variété de fougères très rares, des buissons fantastiques, se penchent de chaque côté de la cataracte : on dirait en vérité qu'étourdies par le bruit de l'eau qui les rase en passant, elles veulent aussi se précipiter dans le noir abîme. Mais la bonne nature les retient, car il lui faut le contraste de branches et de tiges pour faire ressortir la pureté de l'eau. Un dernier rayon de soleil couchant dorait la surface du fleuve à l'endroit de la chute, pendant que la lune suspendait son pâle croissant dans un ciel d'asphodèle. C'était splendide et poétique au delà de toute expression.

Après être demeurée longtemps en contemplation devant ce grand spectacle, je demandai, comme l'on fait toujours, s'il n'était jamais arrivé d'accidents en cet endroit, et entre autres récits, j'ai retenu le suivant :

Il y a plusieurs années (impossible d'obtenir du narrateur une date plus précise) un chariot, traîné par une longue file de bœufs, essaya de franchir la rivière au gué ordinaire, situé à une très petite distance de la chute. J'ai vu l'endroit depuis, et il fallait être à peu près fou pour oser établir un gué si près de l'endroit où la rivière se précipite. On avait jadis essayé de bâtir un pont sur le même point : il fut emporté à plusieurs reprises.

Quelques-unes des piles ont subsisté jusqu'à ce jour. L'une d'elles s'élève sur un petit îlot placé en avant de la falaise. C'est une sorte d'île rudimentaire, formée de gros blocs de rochers et de terre apportée par les vents; le tout relié ensemble par des touffes d'une herbe sauvage. Mais cet îlot ne divise qu'un moment la masse de la rivière; l'eau coule très rapide de chaque côté et se réunit de suite pour composer la large nappe qui forme le saut.

Les vieux Boers s'imaginèrent que cet îlot serait susceptible de rompre la force du courant, et d'empêcher un chariot d'être entraîné dans le gouffre. Il peut en être ainsi en hiver, quand l'eau est rare et basse; mais en été c'est folie que de s'y fier.

Donc mon Hollandais engagea son attelage dans le lit de la rivière. Un Cafre le conduisait assis sur le chariot, pendant qu'un jeune garçon guidait les bœufs de tête, en qualité de « fore-looper ». Le Boer, lui, suivait prudemment à cheval. Parvenu au milieu du fleuve, il s'aperçut que le courant était plus profond et plus rapide qu'à l'ordinaire; toutefois, il parvint non sans peine à l'autre bord, et vit de là son chariot renversé, ses marchandises submergées, et balayées comme une paille dans le précipice. Quant au pauvre petit « forelooper », on n'a jamais su ce qu'il était devenu. Le chariot renversé, son conducteur et les bœufs attelés arrivèrent au bord du gouffre. De bonheur, il se rencontra un promontoire de cette île en miniature qui les arrêta. Quelques-uns des pauvres bœufs furent noyés, mais le chariot fut maintenu. Le conducteur aurait pu se sauver certainement, car il était resté cramponné au chariot; mais, au lieu de saisir une touffe d'herbes, une pierre, ou de s'accrocher à une corne, à une roue, il se dressa debout, tenant haut son fouet dans sa main droite, et jetant un grand cri de triomphe et de défi, il se jeta par-dessus la redoutable falaise. Son maître a cru que l'effroi lui fit perdre la tête. Car, lui-même hors de sens, n'avait cessé de longer le bord à cheval, en lui prodiguant des paroles d'espoir et d'encouragement que le pauvre Cafre n'entendit probablement jamais. Il comprit que sa dernière heure était venue, et s'élança au-devant de la mort, avec cette bravoure intrépide dont les sauvages font si souvent preuve en présence de l'inévitable.

La fin de ce récit me trouva toute tremblante. J'avais devant mes yeux la même masse d'eau, rapide, irrésistible, et je croyais assister à la scène terrible dont ce lieu avait été témoin.

Le lendemain, à la pointe du jour, nous étions debout, et nous hâtâmes notre départ, afin d'éviter la chaleur du matin. Une brume épaisse noyait la terre, aussi loin que pouvait s'étendre le regard. Les sommets des plus hautes collines pointaient seuls au-dessus de cette mer de vapeurs, pareilles à des îles au milieu d'un lac de toisons blanches. Nous avancions de cahot en cahot, comme de raison; ici, un trou, là, une roche polie, plus loin un escarpement sur lequel nous glissons, car, selon la remarque de notre cocher, ce brouillard hu-

mide semble avoir graissé la pente des collines.
Enfin, de sommet en sommet, nous parvenons
au point le plus élevé, situé entre nous et Maritzbourg. Là, nous nous arrêtons pour laisser
souffler notre attelage, et pour jouir de la ma-
gnificence du coup d'œil. J'ai vu enfin une
rivière digne de ce nom, et maintenant j'a-
perçois de véritables montagnes, au lieu de
cet amas incessant de collines superposées, qui
frappaient jusqu'ici mes regards, à chaque ascension nouvelle.

Le panorama est superbe : ce ne sont pas
des pics, car les sommets sont coupés en lignes
horizontales; c'est une rangée de têtes aplaties
qui s'élèvent cependant fort au-dessus des nuages, lesquels flottent dans l'espace, empourprés
par le soleil levant. La masse en est cachée
derrière les nuées, que n'a point encore péné-
trées la lumière du jour naissant. Froides, avec
des teintes sombres ou grisâtres, elles se laissent à peine entrevoir, comme il convient à
leur imposante majesté. C'est la chaîne du
Drakenberg (1), toujours couverte de neige,

(1) La chaîne du Drakenberg se déploie, au nord-est du Na-

excepté par les étés les plus brûlants, mais surtout remarquable par la série de lignes horizontales qu'elle présente. C'est là évidemment le trait caractéristique de la formation des montagnes dans l'Afrique du Sud. Je constatai ce fait pour la première fois dans la montagne de la Table à Cape-Town.

On le trouve répété dans chaque petite colline entre Durban et Maritzbourg, et voilà maintenant la même particularité qui se déploie devant moi sur une échelle gigantesque dans cette chaîne superbe. C'était un panorama imposant et beau que celui qui s'étendait depuis le Drakenberg à nos pieds. Nous avions laissé l'Umgeni si loin derrière nous qu'il n'apparaissait plus, çà et là, que comme un large ruban d'argent, et de nombreuses routes rouges coupant l'arrière-plan ajoutaient au charme de la perspective. Le premier plan était animé par un campement de charretiers, qui étaient juste au moment d'atteler pour repartir. Les femmes s'agitaient auprès des feux, pareils à

---

tal, dans la direction générale de l'est à l'ouest. Le grand fleuve Orange, le Tugela, etc., y prennent leur source.

ceux des bohémiens, en préparant le déjeuner.
Les Cafres appelaient les bœufs, qui, en leur
qualité de bêtes prudentes, paissaient jusqu'au
dernier moment.

Enfin, et pour le bouquet, voici quatre autruches apprivoisées qui, à la plus grande joie de Georges, sortent d'un pas lent et paisible de l'enceinte des chariots, et viennent prendre leur nourriture de la main des enfants, en cherchant dans l'herbe leurs « digestifs ». Ces oiseaux venaient de l'extrême limite du Transvaal, longue et fatigante route, et faisaient les délices de la famille. Ils devaient être vendus et envoyés en Angleterre. Les « trekkers », c'est le mot propre en ce pays pour dire voyageurs, espéraient tirer au moins trente-cinq livres sterlings de chacune de ces autruches, dans toute la beauté de leur plumage; et il est probable qu'elles valaient bien davantage.

LETTRE VIII.

Pesanteur des vents chauds. — Malla; sa passion de s'instruire. — Médecine des Cafres; singulière manière de guérir un mal de tête. — Les Zoulous. — Leurs sorcières. — Leur roi Chaca.

Maritzbourg, 4 avril 1876.

Croiriez-vous que nous en sommes déjà à crier après la pluie, et que nous interrogeons avec anxiété les nuages, quand ils s'élèvent au-dessus des hautes collines du sud-ouest? Telle est pourtant la vérité. Ce serait un affreux malheur si le vrai temps de sécheresse allait commencer sans être précédé des grandes pluies habituelles qui remplissent les citernes, alimentent les sources, et nous préservent de la perspective odieuse de la disette d'eau, et de l'absence de gazon. Ajoutez à cela que chacun m'annonce positivement une température plus agréable après les trois jours réguliers de pluie. Il est grand temps pour ma santé que ces pluies arrivent, car rien ne fait maintenant diversion à la pesanteur et à l'ennui des jours d'été, que de perpétuels coups de vent chaud. Ces vents brûlants sont ce qu'il y a au monde de plus irritant, de plus épuisant. Pas une goutte de rosée le soir pour rafraîchir les plantes jaunies, sur lesquelles ils répandent des flots de poussière.

Les vents chauds sont déjà assez fatigants dans l'Inde, où l'on vit dans de grands appartements bien aérés grâce à la hauteur des plafonds, avec des portières d'herbes odorantes, suspendues à chaque fenêtre, à chaque porte, et tenues constamment humides — avec des « punkahs » (1), de la glace, et tous les détails du luxe indispensable à la vie calme et paresseuse de l'Inde.

Ces vents sont ici exactement les mêmes, avec cette seule différence qu'ils soufflent par courts intervalles, au lieu de souffler continuellement durant des mois entiers. Jugez ce qu'ils

(1) Espèce de grand éventail suspendu au plafond, et manœuvré de manière à établir un courant d'air.

doivent faire souffrir dans de petites maisons, avec des chambres basses de plafond, de huit ou dix pieds sur chaque côté, et dans un pays où la maîtresse de la maison a le gouvernement en chef de la cuisine, des enfants, même du cocher et du jardinier, — où un verre d'eau fraîche est un luxe qui n'est entrevu que dans les rêves d'une fièvre ardente. De novembre au mois d'avril, la nature voudrait nous voir transformés en mangeurs de lotus, « étendus sur des lits d'amaranthes et de moly » (1), tandis que c'est pour nous une nécessité de nous lever de bonne heure et de nous coucher tard, de manger le pain de l'inquiétude durant cette série de chaudes semaines. Tout cela signifie qu'il y a pour chacun obligation de s'évertuer fortement, si l'on veut avoir une maison à peu près propre et confortable, et mener une sorte de vie raisonnée et civilisée. Pour moi, je ne marchande pas ma peine en général, excepté par ces temps de chaleur étouffante. La population néanmoins paraît se porter à merveille, ce qui

---

(1) Herbe mystérieuse qu'Ulysse reçut de Mercure, et qui le préserva des enchantements de Circé.

me fait supposer qu'en réalité ce pays est plutôt désagréable que malsain.

Nous avons attaché depuis quelque temps déjà à notre maison une jeune fille cafre dont l'aide m'est d'un grand secours. Malia, car les Cafres ne peuvent pas prononcer l'*r* (pour eux rouge est louge, et ainsi de suite), Malia est une fille de petite taille, grasse, à l'air éveillé et de bonne humeur. Elle a quinze ans, mais en paraît trente. Sous le rapport du service, elle laisse encore beaucoup à désirer, malgré tout le soin qu'on a mis à la former dans la maison de l'évêque du Natal; mais, comme camarade de jeu pour Georges qui lui enseigne à bien jouer au cricket, comme bonne du bébé, c'est un vrai trésor de bonne volonté et d'agréable caractère. Il est bien vrai que l'autre jour elle a fait descendre une pente très raide à la voiture à main, qui a été mise en pièces après avoir versé l'enfant; mais, après tout, les bonnes anglaises en font autant, et n'avouent pas tout de suite la vérité comme Maria : « C'était pour amuser les enfants. » Le fait est qu'elle a rempli parfaitement cette partie du programme, puisque la chute finale a fait rire aux éclats les deux méchants petits singes.

Chose tout à fait singulière, nonobstant la précaution et la lenteur de ses mouvements, ma bonne cafre parvient à casser autant de vaisselle en huit jours qu'une autre en un an; et elle est d'une si inexprimable drôlerie, quand cela arrive, qu'on n'a ni le cœur de la gronder, ni assez de prise sur soi-même pour avoir l'air de le faire. L'autre soir, je lui tendais une soucoupe à remettre en place. L'instant d'après, de sa voix singulièrement douce et agréable, et avec son accent musical : « Voilà, dit-elle, la soucoupe en trois morceaux. » C'était la vérité; et je ne comprendrai jamais comment, n'ayant pas déposé la soucoupe, elle a pu faire pour la casser. C'était un véritable tour d'escamotage, mais il arrive un peu trop souvent.

Malia n'est pas du tout faite pour être une simple bonne. Elle a une véritable soif de connaissances, et possède un commencement de talent musical. Elle parle et lit en trois langues (le cafre, l'anglais et le hollandais), très couramment et facilement : et elle s'applique fort à écrire, s'exerçant assidûment sur une

ardoise. Elle est toujours à siffler, à chanter
et à tirer des sons d'une espèce de flûte, sur
laquelle elle joue des airs très gentiment. Dans
tous ses moments de loisir, on la voit penchée
sur un livre; et je voudrais de tout mon cœur
avoir le temps de lui apprendre à écrire, et de
me faire enseigner par elle la langue cafre.
Mais, excepté le dimanche, où je lis avec elle
et lui fais chanter des cantiques, il ne me reste
pas un moment. Elle a tant de passion pour
apprendre, la pauvre enfant, qu'elle guette
tous les instants favorables. Si je m'assieds pour
brosser mes cheveux ou pour lacer mes bottines, elle met un genou en terre à côté de moi,
tire son livre de sa poche, et me dit de sa voix
la plus câline : « Permettez-vous que je lise un
peu, Inkosa-Casa? »..... Le moyen de dire non?
bien que j'aie quelque peine à garder ma gravité pour certaines particularités de sa pronon-
ciation. Elle ne peut pas dire « sutch », cela
est trop dur. C'est à peine si après beaucoup
d'efforts elle peut arriver à dire « sush ». Elle
ajoute une voyelle à la fin de presque tous les
mots, afin de les ramener, autant que possible,
aux sons coulants et harmonieux de sa langue

zoulou. D'ailleurs ses locutions sont parfaites, et elle s'exprime en termes bien choisis et tout à fait élégants. Chaque dimanche par quinzaine Malia descend à l'église, vêtue d'une robe de coton rose, ample et courte, avec un tablier bien blanc et un mouchoir bleu de ciel sur sa tête, arrangé en façon de turban. L'expression d'orgueil et de plaisir mêlé d'embarras qu'expriment les traits de Malia, lorsque, ainsi parée, elle vient me dire adieu, est une chose charmante à voir : elle déploie alors une rangée de dents qui trouverait difficilement sa pareille hors de la Cafrerie.

Plus je vois les Cafres, plus je les aime. On s'accorde à dire qu'il est impossible de compter sur eux : moi, je les trouve gais, de bon caractère, dociles et même polis. Pas un gardeur de vaches dans la campagne, qui ne m'adresse un « sako-bono, » c'est-à-dire « bonjour », lorsqu'il va de grand matin à la recherche de de la fougère ou des gramens en fleur. On peut leur reprocher une extrême mobilité d'esprit. Changer semble être leur élément. On les verra quitter une bonne place, facile, où ils sont bien traités, pour une autre plus pénible, où même ils recevront des coups. Ils ne sont pas sensibles aux bons procédés, sauf de rares exceptions, et rien au monde ne pourrait les faire renoncer à l'habitude de visiter périodiquement leurs kraals. Cela signifie retour à la barbarie pendant le temps qui leur est accordé. Or, cela semble étrange, quand un homme, fût-il un Cafre, a eu le temps de s'accoutumer à porter des vêtements, à loger dans une bonne chambre, manger de bons aliments, et jouir de toutes les commodités qui accompagnent la civilisation. Imaginez cet homme, oubliant le confort et la décence de la vie, pour entrer en rampant par la porte basse d'une hutte, et pour demeurer accroupi auprès d'un grand feu, occupé à fumer et à boire une espèce de bière faite avec du maïs. J'ai eu souvent l'occasion de voir cette bière, et Charlie désire vivement de m'en voir goûter. Il m'en apporte quelquefois dans une vieille boîte en fer-blanc, avec assurances répétées que « Madame » la trouvera fort bonne. Mais je me borne à y donner un coup d'œil, car il est difficile d'associer l'idée de bière avec un liquide épais, en tout semblable à une préparation de chocolat :

j'écarte par d'adroites excuses le jour funeste où il faudra y goûter.

C'est surtout en matière médicinale qu'ils se montrent rebelles au progrès. L'autre jour un de nos Cafres eut une forte attaque de bile. Il refusa tout traitement plus civilisé et fit venir un de leurs médecins. Celui-ci le saigna au gros doigt du pied, et cela avec le meilleur résultat, à en croire mon homme lui-même. Le fait est que, dans l'après-midi, il paraissait on ne peut mieux portant. Mais j'ai assisté récemment à une autre cure bien plus extraordinaire. Tom avait un affreux mal de tête; ce qui n'est pas étonnant, à voir ce garçon fumer du tabac très fort, du matin au soir, sans compter celui qu'il prise à tout moment. Charlie vint me demander un remède, ce que je trouvai fort aimable de sa part, car Tom et lui sont à l'état permanent de querelle, et je passe la moitié de mon temps à rétablir entre eux la paix. Je répondis à Charlie que je ne connaissais d'autre remède à un mal de tête que d'aller se coucher, et c'est précisément ce que j'engageais Tom à faire. Charlie sourit avec un air de souverain dédain, et me demanda si je voulais

bien lui donner une boîte d'allumettes de bois.
— A propos d'allumettes, vous saurez que c'est là un objet de dépense dans une habitation en pays cafre, si l'on ne les tient soigneusement fermées, et moi, ne voyant aucun rapport entre le mal de tête de Tom et des allumettes, je saisis cette occasion pour rappeler à Charlie la quantité de boîtes d'allumettes qu'il avait absorbée depuis quelques jours. Il se hâta de m'interrompre, en disant : — « Mais, Ma', c'est pour guérir le mal de tête de Tom. » Là-dessus, j'allai chercher une boîte de Bryant et May, et je restai pour voir Charlie opérer sur la personne de Tom. Charlie frottait allumettes sur allumettes, introduisant le bois enflammé dans les larges narines de Tom jusqu'à complet épuisement de la boîte. Tom fit plus d'une fois la grimace, mais supporta vaillamment ce traitement par scarification. Il criait bien quelquefois, et aussi fort qu'il pouvait, quand Charlie mettait sous son nez une nouvelle allumette enflammée, mais en somme il se comporta bravement et, quand la boîte fut vide, il déclara que son mal de tête était guéri, qu'il était prêt à aller fendre du bois. — Cela sent véritable-

ment très bon, Ma'me, disait Charlie : le feu a fait partir la maladie.

On ne saurait dire à quel point ils sont étranges et singuliers dans leurs arrangements de famille. J'ai eu l'autre jour une longue conversation, par l'intermédiaire de Malia, avec une femme cafre, concernant leur coutume de tuer l'un des bébés quand elles accouchent de deux jumeaux. Ma noire amie ne fit pas difficulté de me déclarer que c'était là une excellente méthode, et qui était invariablement suivie lorsque les blancs ne s'en mêlaient pas. — Si on laissait vivre les deux enfants, assurait-elle, cela ferait de malingres malheureuses petites créatures, destinées à mourir infailliblement; et comme le Cafre compte sur ses enfants, pour le soigner et travailler pour lui, même dans la force de l'âge, elle ajoutait que c'était un bien mauvais calcul d'élever deux enfants à la fois, et récapitulait sans s'émouvoir les exemples de ces sortes de sacrifices tirés de sa propre famille ou de celles de ses voisins. Elle avouait avoir été très embarrassée dans un cas, où l'un des jumeaux était un fils, et l'autre une fille, car l'un comme l'autre eût été plus tard d'un bon rapport. — « Je songeais, disait-elle, aux vaches que je pourrais avoir en échange de la fille ; je pensais ensuite aux gages que gagnerait le garçon. Mais comme c'était la fille qui criait le plus, c'est elle que je tuai, et le garçon, est devenu un beau gars, qui me gagne beaucoup d'argent. » Je vous donne la traduction de Malia ; quoique elle parle parfaitement l'anglais, lorsqu'il s'agit d'interpréter les paroles d'une autre personne, elle mêle quelquefois les temps. C'est d'ailleurs un excellent truchement. Je m'amuse quelquefois par son intermédiaire à marchander le prix de mes œufs, de mes poulets, de mes pommes de terre : mauvaise opération qui aboutit en général à me faire payer ces objets deux fois plus cher que je ne les paierais au marché.

Tout récemment, j'ai été encore plus rançonnée qu'à l'ordinaire par mon marchand d'œufs, vieux Cafre retors, abondamment orné de cercles de fil de laiton autour de son cou et de ses jambes. Il porte ses œufs dans une espèce de bissac, et les secoue tellement, que c'est pour moi un sujet d'étonnement toujours nouveau, de savoir comment il fait pour les conserver.

A chaque visite, il ajoute six sous à chaque douzaine, sous prétexte du doublement de l'impôt sur les huttes, d'où je prétends qu'il viendra un moment où c'est moi qui aurai payé la taxe entière à sa place. Jusqu'à présent la taxe sur les huttes avait été de sept shellings(1) par an. Elle est maintenant du double. Aussitôt les Cafres, point maladroits, de faire payer à leurs clients blancs une différence considérable sur le prix des denrées nécessaires à la vie, qu'ils ont coutume de leur fournir. Je ne me donne pas pour entendre grand' chose à la politique : il m'est difficile cependant de comprendre comment, sur le moindre prétexte, tout article de vêtement ou de nourriture étant toujours prompt à augmenter de prix, *on ne le voit jamais baisser ensuite.* J'essayai de me moquer de mon vieux Cafre, et de lui montrer que la différence de son prix sur les œufs aurait payé en moins de six semaines la surcharge de ses sept shellings. Il souriait d'un air fin, en murmurant : « Ka, ka, » c'est-à-dire en français : « Non, non ».

(1) Le shelling vaut environ 1 fr. 20.

J'ai attendu jusqu'ici avant de vous parler d'une fameuse partie de thé que j'ai donnée chez moi, il y a quelques jours : un véritable « rout » qui a battu à plate couture tous vos thés de Londres, même avec l'addition du cher petit Minos (1). Le coin de mes cartes portait en effet ces mots : « Thé et Sorcières. » Pouvait-on imaginer rien de comparable pour amuser une après-midi d'été? L'amorce était flatteuse, cependant ce n'était qu'une charge ou une amorce, à votre choix; car, bien loin d'être des sorcières, mes cinq rôles extraordinaires étaient en réalité les pires ennemis des sorcières, puisque leur vrai nom est « trouveuses de sorciers, » ou « qui enseigne à trouver des sorciers ». Cela dit, je puis vous affirmer que personne n'a jamais souffert tribulations pareilles aux miennes à propos d'un petit amusement à donner dans un thé. Je passe sous silence l'orage habituel de l'après-midi, suivi de la brusque information que je n'aurai pas de lait, parce que les vaches d'un voisin qui m'en fournit ont choisi l'après-midi pour s'émanciper.

(1) Chien savant montré par Mme Hager, et qui fit fureur à Londres pendant une saison.

Oh! bonheur! Au moment où je crois qu'il ne me reste qu'à m'asseoir par terre et à pleurer, le temps s'arrange, le lait m'arrive. Mais quels termes suffiront à exprimer mon étonnement, à la vue de cette immense multitude de Cafres, criant, chantant, applaudissant à la porte de mon jardin?... Ce sont mes trouveuses de sorciers escortées de presque toute la population noire de Maritzbourg. Elles sont arrivées près de trois heures avant le moment indiqué, et demandent un endroit de la maison pour s'habiller, non par dédain de leur suite, mais parce qu'elles ne souffrent pas que des yeux profanes soient témoins des particularités relatives à la mise de leur costume professionnel. N'oubliez pas qu'il n'y a pas un seul blanc dans tout le voisinage plus proche que Maritzbourg, et que je n'ai personne au monde qui puisse empêcher quelques-uns de ces hommes, de ces jeunes gens surexcités, de pénétrer dans ma petite maison, tout au moins pour s'arranger de quelques-uns des objets qui figurent sur les tables à thé que mes domestiques commencent à disposer sous la véranda. Mais, point du tout : ils sont aussi dociles, aussi obéissants que possible, tout prêts à se rendre au désir que j'exprime de les voir se tenir en dehors de la barrière, et ne demandant autre chose que de grands verres d'eau. J'avais encore par devers moi un talisman. Je sors et vais à eux, avec un de mes nombreux « Jacks » qui me sert d'interprète et je leur dis qu'ils aient à s'asseoir par terre, et à attendre tranquillement l'arrivée de M. S..... (le ministre des affaires indigènes) (1), ajoutant qu'il n'allait pas tarder à venir. C'était un mensonge, car M. S..... ne devait arriver qu'assez tard. Mais un excellent substitut ne tarda pas à paraître, lequel me tranquillisa un peu. Je dis un peu, car j'avais été passablement ennuyée à propos de ce thé. Frédérick tout le premier m'avait fait observer à diverses reprises que mon entreprise était non seulement illégale, mais inconvenante, ajoutant que vraiment je l'étonnais. Pouvez-vous imaginer rien de plus mortifiant? Je m'aperçus bien pendant tout le temps qu'il était désireux de voir la cérémonie au moins autant que nous; mais il persista dans une attitude moitié officielle et désagréable. Mais passons : je triom-

(1) Voyez p. 90 et suivantes.

phai ensuite à mon aise, quand tout eut parfaitement réussi.

Enfin, l'heure de cinq heures arriva amenant un régiment de cavaliers altérés de thé, et réclamant à haute voix les sorcières pour se faire dire la bonne aventure, retrouver leurs objets perdus, que sais-je? — Il n'y a pas ici de sorcières, leur dis-je gravement, mais des « trouveuses de sorciers » (1), et j'ai peur que ce jeu ne soit pas des plus corrects. C'était une annonce peu encourageante à faire pour une maîtresse de maison. L'effet n'en fut pas trop mauvais. Mes hôtes se rabattirent philosophiquement sur leur thé, lequel du moins ne fut pas déclaré incorrect, et cela grâce au lait qui était frais et délicieux.

Cependant M. Y..... était sorti pour introduire les « sorcières » (tout le monde persistant à les appeler de ce nom), et elles ne tardèrent pas à paraître en grand costume officiel, marchant d'un pas lent et mesuré, et réglant leurs

---

(1) La nouvelle constitution imposée par les Anglais aux Zoulous défendait l'emploi de ces « trouveuses de sorciers. » Sir F. Barker, personnage officiel, ne pouvait donc que désapprouver l'entreprise de sa femme.

mouvements sur le chant d'un groupe de femmes et de jeunes filles, espèce de gardes du corps qui psalmodiaient continuellement en mineur une sorte de marche monotone.

Leur entrée en scène fut admirable. Graves, le maintien composé, la mine intrépide, ces nouvelles Amazones défilèrent devant la véranda, en saluant à la manière des hommes la main droite levée, avec le mot « Inkosi » prononcé tout bas. Elles mettent leur orgueil à être regardées comme des hommes, quand elles ont adopté cette redoutable profession, que les hommes partagent quelquefois avec elles. Il leur est permis de porter le bouclier et la lance, comme les guerriers. Elles chassent et tuent de leur propre main les bêtes sauvages et les reptiles dont elles portent les peaux. Mais leurs beaux jours sont finis, car les cruautés commises sous leurs auspices sont arrivées au plus haut point, et c'est aller contre la loi maintenant que de chercher un sorcier par le moyen de ces femmes sans pitié. Songez à la superstition cruelle qui régnait, il n'y a pas bien longtemps dans les parties reculées de l'Angleterre, et vous comprendrez aisément quel ascendant de telles femmes peuvent acquérir sur un peuple tout à fait sauvage. Ce sont naturellement des individualités exceptionnelles, douées de plus de réflexion, d'intelligence, d'intrépidité que la moyenne des femmes cafres, qui sont lourdes et abruties par l'excès du travail. Ajoutez le fait contradictoire d'une grande force physique unie à un tempérament hystérique très prononcé. Elles se montent d'elles-mêmes au dernier degré de la frénésie, et finissent par croire aussi fermement à leur faculté surnaturelle de divination que chacun de ces Zoulous tremblants qui les environnent dans leurs opérations, lequel, s'il est touché de l'espèce de balai qu'elles portent à la main, est instantanément mis à mort.

Je voudrais pouvoir vous mettre sous les yeux la scène dont je fus alors témoin et que j'aurai toujours présente chaque fois que j'y penserai. — Juste au delà de notre barrière gazonnée s'élevait parmi les fougères et les hautes herbes une épaisse rangée de faces brunes dont les yeux grands ouverts étaient rivés sur le groupe formé par les *actrices* à l'intérieur. La petite avenue ainsi que les allées de notre jardin étaient remplies d'une foule d'étrangers blancs et de couleur gardant l'ordre le plus parfait, mais visiblement fort intrigués. Des femmes et des jeunes filles noires, quelques-unes en toilettes voyantes et civilisées, d'autres vêtues d'étoffes très grossières, avec des colliers de verroterie au cou, des bracelets semblables autour des poignets, quelques autres avec des enfants qui pendaient sur leur dos, s'étendaient en demi-cercle, comme le chœur de la tragédie antique. Elles chantaient sur un ton bas et monotone un air dont le rythme et la mesure changeaient de temps à autre, au signal d'un battement de pieds accompagné d'un balancement du corps. Debout, à deux pas en avant de ces chanteuses, se tenaient les « trouveuses » en costume complet de cérémonie. Prises collectivement, elles sont connues sous le nom d' « Isinyanga » ou d' « Abangoma »; mais naturellement chacune a son nom particulier, et elles appartiennent chacune à une tribu différente.

Remarquable par la hauteur de sa taille, Nozinyanga, la première, attira mes regards. Une espèce de casque flottant, formé des plumes de la queue d'un oiseau appelé « sakabula », ombrageait son fier visage que rendaient encore plus terrible des ronds de couleur rouge peints sur ses sourcils et sur ses joues. Elle tenait de la main droite un léger faisceau de zagaies, et de son épaule gauche pendait un joli petit bouclier de peau de bœuf bariolé de couleurs.

Sa jupe avait moins de caractère que celle de ses compagnes, n'étant formée que de deux grands mouchoirs de madras portés à la manière du *kilt* écossais. Mais Nozinyanga compensait le défaut de caractère de sa jupe par l'éclat des grains de ses colliers, par les franges en poil de chèvre, les glands écarlates dont elle était couverte, depuis la naissance du cou jusqu'à la ceinture. Un baudrier de peau de léopard fixé par d'énormes boutons de bronze était passé sur sa large poitrine, et sur son dos pendait la magnifique peau d'un boa constrictor.

Cet animal devait être d'une longueur extraordinaire, car, tandis que sa tête s'enroulait autour du gros cou de Nozinyanga, sa queue traînait de plus de deux pieds en arrière sur la terre. Or, vous saurez que Nozinyanga, les pieds nus, avait bien quelque chose comme six pieds deux pouces. Pendant que mes regards étaient fixés sur elle, la cérémonie était en réalité commencée par une agile petite femme, au visage sérieux et tragique, qui paraissait plus animée au jeu que ses autres compagnes. Elle avait en son temps balayé un grand nombre d'existences avec la queue de « quagga » (1) que brandissait sa main, — aujourd'hui inoffensive.

Pour vous faire entendre le terrible intérêt qui s'attache à la personne de ces femmes, c'est le moment de vous expliquer une coutume de ce pays. — Quand se produisait quelque événement malheureux, soit chez les Zoulous, soit chez quelque autre peuplade cafre, ce malheur était immédiatement attribué à l'influence des sorciers. Ce jugement une fois porté, il ne restait qu'une chose à faire : chercher à découvrir le sorcier ou les sorcières, et les anéantir. Dans ce but, une assemblée générale était convoquée par ordre du roi. Sous sa présidence

(1) Animal de l'espèce chevaline, particulier à l'Afrique du Sud, qui tire son nom du cri qu'il émet.

se formait un grand cercle de naturels sur six hommes de profondeur tous assis par terre, chacun inquiet et tremblant pour sa vie. Au centre du cercle, les « trouveuses » ou les « trouveurs » exécutaient leur danse qui les amenait peu à peu à l'état de véritable frénésie, analogue à ce qu'on a dit des possédés du démon. A ce moment, ils effleuraient de leur queue de quagga qui l'un, qui l'autre, des spectateurs frémissants. A peine le fatal balai avait-il passé sur la victime, qu'elle était saisie, entraînée et massacrée sur place : non seulement elle, mais tous les êtres vivants qui se trouvaient dans sa hutte, ses femmes, ses enfants, jusqu'aux chiens et aux chats. Tout était brisé, anéanti. Quelquefois un kraal entier était voué à semblable extermination. Pas n'est besoin de dire quelle excellente méthode s'offrait ainsi de satisfaire des vengeances privées, d'acquitter d'anciennes dettes. De tous les bienfaits que notre civilisation, si égoïste qu'elle soit, a répandu sur ce peuple cafre, peuple difficile, indolent et néanmoins guerrier, il n'en est pas certainement de plus grand, que la nouvelle constitution qui défend absolument de pratiquer cette espèce de loi de lynch, en quelque lieu, sous quelque prétexte que ce soit.

Nozilwane était le nom de cette terrible petite devineresse qui effraya plus d'une personne parmi nous, et plus profondément qu'elle n'aurait aimé à le reconnaître. Elle interrogeait les visages en se penchant sur le groupe de nos invités avec un œil sauvage et profond, désagréable et insoutenable à la fois. Elle aussi portait un remarquable costume. Des peaux de lynx flottaient autour de son corps, depuis la ceinture jusqu'aux genoux. Le buste était couvert de cordelières de dents ou de défenses d'animaux sauvages, de perles de verre, d'écheveaux de fils aux brillantes couleurs, de lambeaux de peaux de serpent, et de franges découpées dans la toison d'une chèvre d'Angora. Portées autour du corps et au-dessus de chaque coude, retombant en flocons blancs sur ces couleurs vives et sur la peau brune, ces franges formaient un ornement d'un effet bizarre et néanmoins gracieux. Des queues de lynx, semblables aux barbes de nos coiffes, pendaient de chaque côté de son visage, presque entièrement caché sous une profusion de plumes de saka-bula. Cet oiseau a le plus beau plumage, et il est assez rare pour que les naturels attachent du prix et du charme aux plumes de sa queue. Minces et recourbées, elles ressemblent à celles d'un jeune coq. Leur couleur est marron foncé avec une tache blanche à la pointe de chaque plume. Cet épais et flottant panache était entremêlé de petits globules et de crocs d'animaux en façon d'épingles. Toutes ces devineresses portaient leur chevelure, disons plutôt leur toison, arrangée de la même manière, c'est-à-dire fortement tordue avec de la ficelle, au point de perdre tout à fait l'apparence d'une chevelure. Ces cheveux teints en rouge foncé tombaient en frange épaisse autour de leur visage.

Nozilwane sortit du groupe en rampant à la manière des chats, se courbant en deux comme si elle cherchait une piste. Chaque mouvement de son corps onduleux se réglait sur le battement de mains des jeunes filles, et sur les notes basses et lugubres de l'air qu'elles chantaient. Tout à coup, elle parut avoir trouvé le renseignement qu'elle cherchait, et bondit en faisant une série de pirouettes sauvages, agitant ses zagaies et brandissant son petit bouclier avec frénésie. Mais Nowaruso, quoique beaucoup plus forte, et en des conditions moins favorables que la dame aux peaux de daim, était résolue à ne pas permettre que celle-ci demeurât le point de mire de nos yeux. D'un bond qu'accompagne un cri sauvage, elle entre en danse, accompagnée de grognements plus élevés, et de battements de mains plus vifs. Nowaruso nous tourna longtemps le dos pendant son jeu, fière d'une magnifique peau de serpent parsemée de clous à tête de cuivre, formant un dessin régulier, qui flottait sur son dos à la façon d'une bannière. Elle portait une jupe splendide en peau de léopard, ornée de rosettes rouges ; sa toilette était plus soignée et révélait plus de goût que celle de chacune de ses compagnes. Les anneaux de ses bras étaient plus brillants ; ses franges de peau de chèvre plus blanches, son visage peint avec plus de soin. Néanmoins Nozilwane soutenait bravement son rôle, par la raison qu'elle n'était qu'un paquet de nerfs, qu'elle était jeune, et avait en outre pour elle une ferme confiance en soi-même. Quant aux autres, elles simulérent aussi la recherche d'un ennemi imaginaire, et triomphèrent à leur tour de l'avoir découvert, mais elles ne tardèrent pas à être essoufflées, et ne semblèrent pas fâchées d'être emmenées à l'écart par des femmes de service pour être frottées et boire de l'eau. Notez d'ailleurs qu'elles étaient toutes d'un certain âge, et moins disposées à jouer des jambes que l'agile Nozilwane.

Quant à la grande et forte Nozimyanga, elle dansait à la façon de la reine Élisabeth, « d'un air majestueux et posé », ce qui n'avait rien d'étonnant, car elle pesait bien au moins quinze tonnes. Ungitani portait une jupe blanche en toison de chèvre d'Angora. Son corsage avait pour ornement des vessies, des dents, des têtes et des peaux de vipère : rien d'ailleurs de remarquable. J'en dirai autant de Um-a-noujozzla, personne à l'air mélancolique, ornée d'une énorme coiffure, en façon de perruque, composée de boucles laineuses rouges et d'épingles blanches. Elle avait l'air un brin plus stupide et plus vulgaire que ses compagnes. Elle me fit l'effet d'une femme délicate, respectable, qui éprouvait au plus haut degré la honte de représenter de telles antiquailles. Cependant elle brandissait comme les autres son balai divinateur, et entrait en danse de temps en temps pour rivaliser avec l'infatigable Nozilwane.

Le soleil avait déjà entièrement disparu derrière les collines de l'ouest, et nous commencions à nous lasser un peu de cette recherche fictive de sorciers, quand une personne de la compagnie dit tout bas : « Mettons à l'épreuve leur capacité de trouver les choses. J'ai perdu un porte-pipe en argent auquel je tenais beaucoup. » Les cinq devineresses furent mises en demeure d'indiquer l'objet perdu, et l'endroit où il devait se trouver. Rien de curieux et d'intéressant comme la façon dont elles s'y prirent alors. — En face de nous, accroupis sur les talons ou couchés sur le côté, se déployèrent en cercle une douzaine d'hommes qui étaient censés invoquer l'assistance de la confrérie pour trouver quelque objet perdu. Ces hommes ne savaient rien de l'objet réclamé par nous, et furent invités à continuer leur rôle, jusqu'au moment où un signal donné indiquerait que l'objet perdu avait été indiqué.

— Je dois faire remarquer que tous ces hommes étaient gens des plus respectables; en réalité, des chefs, des « indunas », et je ne crains pas d'affirmer que leur intelligence était notablement supérieure à celle d'un fermier anglais de moyenne classe, dont les idées sont bornées d'ordinaire par l'horizon de ses champs. Eh bien, chose singulière, en dépit de leur contact incessant avec la civilisation, en dépit des missionnaires et des maîtres d'école, il était facile de voir que les vieux instincts, les vieilles croyances du sauvage, subsistaient, aussi fortes que jamais, et que ces hommes, tout en affectant de prendre cette cérémonie comme nous le faisions, c'est-à-dire comme un amusement de l'après-midi, étaient intimement convaincus du pouvoir mystérieux des « Isinyangas », sans quoi ils n'auraient jamais rempli leurs rôles si bien, si sérieusement, avec un si vif intérêt.

S'adressant aux devineuses : « Qu'est-ce que l'« Inkosi » a perdu? crièrent-ils. — Devinez, parlez, expliquez.

Il y eut un assez long moment d'intervalle. Il fallut attendre que les chants et la danse eussent porté les Isinyangas au plus haut degré d'exaltation. Quand l'inspiration fut jugée complète, alors, sans hésiter, Nowaruso accepta le défi des hommes, et s'écria : « Chantez pour moi ; battez des mains pour moi. » Et après une pause d'un moment, d'une voix rapide, saccadée, elle s'exprima ainsi dans sa langue :

« Est-ce sérieux? Est-ce une épreuve? N'est-ce qu'un jeu? Les chefs blancs veulent-ils se moquer de nos prétentions? La dame blanche ne nous a-t-elle mandées que pour faire voir à d'autres blancs que notre pouvoir était nul? Y a-t-il réellement quelque objet perdu? N'est-il pas seulement caché? — Non, il est réellement perdu. — Est-il perdu par un noir? — Non? c'est un blanc qui l'a perdu. — A-t-il été perdu par le grand chef blanc? (elle désignait le roi de leurs cœurs, leur ministre spécial). — Non, il a été perdu par un simple blanc. — Indiquez-moi maintenant la nature de l'objet perdu. Est-ce de la monnaie? — Non. — Est-ce un objet pesant? — Non ; on peut toujours le porter sur soi, il n'est pas lourd. Tout le monde aime à le porter, particulièrement les Inkosi blancs. Il est fait du même métal que la monnaie. Je pourrais vous en dire davantage, mais tout ceci n'est pas sérieux, c'est un simple spectacle.

Après chacune de ces courtes phrases, la devineuse faisait une courte pause, et interrogeait fiévreusement le visage des hommes placés devant elle. Pour toute réponse ceux-ci firent bruyamment claquer le doigt et le pouce, les yeux fixés en terre et s'exclamant de ce seul mot : « Yiz-wa ! » (parle, devine), dont la première syllabe était prononcée avec un accent terrible. — C'est tout ce qu'ils peuvent dire pour les exciter, car en ce moment ils ne se connaissent plus eux-mêmes ; mais les devineresses examinent attentivement la contenance de chacun, pour le cas où, volontairement ou non, elles auraient le bonheur d'y surprendre quelque indice qui leur apprît si, comme disent les enfants, elles brûlent ou non. Nowaruso ne veut pas continuer ; elle soupçonne un piège. Alors s'élance Nozilwane, sanglotante, frémissante, pareille à une possédée, et s'écrie : « Est-ce ceci, est-ce cela ? » La gigantesque Nozinyanga frappe rudement la terre de sa lance et crie à haute voix dans sa langue : « C'est sa montre ! » Et elle parcourt du regard l'assemblée comme si elle nous défiait de la contredire. Les trois autres se prennent par la main, et galoppent en rond faisant des suggestions impossibles. Les enquêteurs, c'est le nom donné aux hommes accroupis, ne leur prêtent ni aide, ni rien qui les guide. Ils multiplient le claquement des doigts, les mains toujours rigidement tendues vers la terre comme s'ils devaient y trouver l'objet demandé, en multipliant le cri de « Yiz-wa, Yiz-wa ! » A la fin, Nozilwane crie : « Sa pipe ! » — « Yiz-wa, Yiz-wa ! » — « Quelque chose qui s'est détaché de sa pipe. » Elle a deviné. La fermeté persévérante de Nozilwane, sa finesse à interpréter les mouvements de nos visages, à chacune de ses indications, ont amené son triomphe. Un long murmure d'admiration se fait entendre alentour. Les « indunas », se lèvent et se changent en statues d'ébène de l'air le plus respectable. Le chœur sûrement fatigué se divise en groupes, et la confrérie non moins épuisée se jette à genoux devant moi, comme poussée par un ressort, s'assied sur ses talons, lève la main droite en signe de salut, et répond à mes remerciements par ce petit discours dont je vous donne l'exacte traduction, autant que cela est possible, dans une langue si différente de la leur :

« On est venu nous dire dans nos kraals qu'il y avait une dame anglaise, amie de notre peuple, qui était désireuse de nous voir, et d'observer nos coutumes. Après avoir reçu ces messages, nos cœurs nous ont dit : Allons vers la dame anglaise, et nous voici venues ; et maintenant nos cœurs sont remplis de joie après avoir vu la dame anglaise, et après avoir entendu de nos oreilles l'expression de ses remerciements. Nous voudrions aussi, de notre côté, remercier cette dame de sa bonté et de ses présents. Le peuple blanc ne croit pas à notre puissance, et nous traite de folles. Nous savons cependant qu'il n'en est pas ainsi, et que nous possédons réellement la puissance dont nous faisons profession. Ce qui fait que nous sommes fières en ce jour, qui nous a permis de paraître devant notre grand chef blanc, et devant tant d'autres grands de couleur blanche. Nous remercions encore une fois cette

dame et veuillez lui transmettre, ô fils de
M. Y...! — l'expression de nos vœux : Que le repos soit toujours sur elle, et que toujours la lumière brille sur son chemin. »

Il n'était pas facile de trouver quelque chose d'aussi bien tourné que ce discours. Pour y répondre, je m'en référai à la présence d'esprit, et à la parfaite connaissance de leur langue du fils de M. Y...., et je ne doute pas qu'il n'ait répondu en mon nom quelque chose de convenable et de bien dit; de sorte que nous nous séparâmes dans un état de mutuelle satisfaction.

Le crépuscule, déplorablement court en cette saison, approchait rapidement. Toute la gent noire avait hâte de regagner promptement le logis. Déjà la masse des curieux avait fondu comme par enchantement, s'écoulant sur la pente verte des collines par une foule de sentiers. Il ne restait qu'un certain nombre de gardes du corps, qui attendaient pour faire escorte aux *actrices*. Comme elles tournaient le coin de la véranda, où étaient placées les tables à thé, il me sembla qu'elles portaient un regard attentif sur les gâteaux. Aussitôt j'offris à la grande Nozinyaga un gros biscuit, de la largeur d'une soucoupe. Il fut gracieusement accepté avec une véritable joie d'enfant. Une autre main noire fut aussitôt tendue, et puis une autre, de façon qu'à la fin les tables à thé se trouvèrent dépouillées de tout ce qui restait de comestibles. Mais ce ne fut qu'après s'être assurées qu'il ne restait plus rien dans les assiettes que le groupe se mit en mouvement, en faisant retentir le cri de « Inkosa-cosa, » accompagné de quelque chose qui ressemblait à un applaudissement.

Nous étions assis, jouissant des derniers rayons d'un beau crépuscule, quand nous entendîmes les chants de l'escorte qui ramenait à leurs demeures les prêtresses fatiguées; je dis les prêtresses, parce que ces femmes sont regardées non seulement comme des sorcières dont les charmes puissants peuvent découvrir et mettre en lumière les machinations de l'ordre ordinaire de la sorcellerie, mais encore comme les prêtresses d'un culte sombre et mystérieux. La conversation tomba sur cette bizarre coutume, telle qu'elle existait jadis. Plusieurs de nos gentlemen avaient été témoins ou avaient ouï parler de ces massacres en masse qui auraient certainement accompagné une cérémonie de ce genre, si elle avait eu un caractère sérieux. Je veux vous rapporter un de leurs récits que je choisis parmi les moins horribles. Il date d'une soixantaine d'années, à l'époque où Chaca le Terrible était roi des Zoulous. Le pouvoir politique de ces « Isinyangas » était alors arrivé à son plus haut point, et elles avaient coutume de dénoncer comme sorciers ou sentant la sorcellerie, les ministres et les officiers du roi, l'un après l'autre. Il était difficile de mettre un terme à ces tueries, parce que les sympathies du peuple se déclaraient toujours en faveur des devineresses, quelle que fût leur cruauté. Enfin, le roi s'avisa d'un stratagème. Il tua un bœuf, et pendant une nuit des plus noires, il arrosa de son sang la hutte royale de sa propre main. Le lendemain, il assembla son conseil, et déclara que quelqu'un s'était rendu coupable du crime de haute trahison, en souillant de sang la hutte royale, et cela, quand elle semblait à l'abri d'un pareil outrage, étant placée au milieu même du kraal. Quel était le parti à prendre? Les isinyangas furent réunies, et reçurent ordre sous peine de mort, de trouver le coupable. Elles ne furent pas embarrassées pour ce faire. Elles nommèrent l'un après l'autre chacun des grands « inkosi » ou capitaines qui assistaient tremblants à ce jugement. Mais au lieu de la condamnation à mort des malheureux accusés, on eut exactement le dénouement de la fameuse élégie : « Ce fut le chien qui mourut. » Les devineuses qui avaient désigné un inkosi entendirent avec stupéfaction que c'étaient elles qui seraient mises à mort. L'enquête dura encore quelque temps, jusqu'à ce que l'une des devineuses plus avisée que les autres, ayant peur de se mettre en avant, s'écria du ton d'un oracle : « Je sens l'odeur des cieux au-dessus de ma tête! » Chaca prit cela pour un compliment, et pour une bonne manière de deviner. Il ordonna de tuer sur place toutes les autres isinyangas, et conféra à l'avisée sibylle la dignité de sa seule et unique devineresse pour en jouir toute sa vie.

Il sera parlé longtemps de Chaca parmi les blancs et parmi les noirs du Zoulouland et des provinces qui l'avoisinent. Il est bon de savoir que dans les dix premières années de ce siècle, quand Napoléon remaniait la carte de l'Europe avec la baïonnette en guise de stylet, pendant que nous versions comme de l'eau notre sang et notre argent pour lui tenir tête en Espagne et ailleurs, Raupehera en Nouvelle-Zélande, Chaca dans le pays des Zoulous, jouaient précisément le même jeu. Mais Chaca avait à sa disposition une plus grande étendue de pays, pour copier le rôle d'Alexandre. Lui et ses guerriers avaient coutume de faire irruption chez leurs voisins comme un torrent de lave. Pas un lieu qui fût à l'abri de ses coups, et il était la terreur des premiers colons. Encore aujourd'hui, un sentiment de crainte est attaché à son nom, et l'on s'en sert souvent comme d'un charme magique pour éveiller l'esprit guerrier, qui ne fait que sommeiller dans le cœur des descendants de ses sauvages soldats, au pays qui reconnaît maintenant la loi de Cettiwayo. La tombe de Chaca, au sommet d'un pic solitaire, est regardée dans toute la contrée comme un lieu des plus saints, auquel se rattachent beaucoup de sombres et mystérieuses légendes.

LETTRE IX.

Excursion à la station d'Edendale. — Zèle des missionnaires. — Le culte, les écoles. — Intelligence des enfants cafres. — L'évêque Schreuder. — Son audience à la cour de Cettiwayo, roi des Zoulous.

Maritzbourg, 19 mai 1876.

Non, je ne commencerai pas cette fois par une plainte sur le temps. J'éprouve cependant une grande tentation à le faire, parce que nous sommes au commencement de l'hiver, et c'est sur la valeur des quatre mois prochains qu'est fondée l'opinion que le climat du Natal est le plus beau du monde. Pour vous prouver combien une femme peut être absolument impartiale, et même dépouillée de tout parti pris, je suis disposée à admettre que le jour de la semaine dernière où j'ai fait une course à cheval à Edendale, station de missionnaires à une demi-douzaine de milles d'ici, — ce jour était absolument délicieux, autant que jour puisse l'être. Le temps était gris et couvert, circonstance extrêmement rare dans ce pays de cieux ensoleillés. Point de vent qui soulevât la poussière; seulement une brise des plus agréables. La route s'étendait à travers un grand nombre d'affluents de l'Umsendusi, de vallées encore vertes, de pentes rocheuses. J'en trompais les ennuis par le souvenir de récits relatifs au Natal, tel qu'il était il y a vingt-cinq ans, quand les lions venaient boire à ces ruisseaux, quand ces mêmes vallées étaient peuplées de daims, d'élans, et autres animaux de grande taille, dont les noms seraient un ample sujet de casse-têtes pour des écoliers en orthographe.

Quelle que soit la beauté du paysage, il a cependant un grand défaut, c'est le manque d'arbres. Çà et là, l'ombre plus épaisse au flanc des collines peut bien signifier une certaine agglomération de broussailles, mais une fois que vous avez franchi la ceinture de fermes qui entourent Maritzbourg, l'œil ne voit plus que collines dénudées, jusqu'à l'endroit que nous allons visiter, et qui est, lui, bien entouré d'arbres. Le voilà là-bas, je l'aperçois parmi les collines, mais placé un peu trop à leur pied pour être bien sain. Cependant, il étonne par son air habité, avec ses champs verts de maïs disposés en éventail, suivant le cours de la rivière qui coule parmi de hautes fougères murmurantes, pareilles à des cannes à sucre. La route, qui est très bonne pour le Natal, est singulièrement triste et silencieuse. Pas un mouvement, pas un bruit qui rappelle la vie. Mais quand nous avons eu franchi le dernier ruisselet, et abordé une espèce d'avenue, qui conduit à la rue principale, alors nous retrouvons le mouvement et la vie.

Assis à la porte de leurs maisons, nous voyons des hommes, des femmes propres et de bonne mine. Les premiers sont occupés à tresser en rapides mouvements de leurs doigts de jolis paniers, ou des nattes de jonc et de roseaux. Les femmes mangent du maïs et l'écossent ou l'écrasent pour le marché. Des bébés noirs grouillent dans la poussière, rongeant l'épi bouilli avant qu'il ne soit écossé. D'autres plus âgés semblent non moins heureux de nettoyer avec leurs doigts ou avec leur langue une énorme cuillère de bois qu'ils viennent de retirer de la marmite. Affectant toute sorte de dimensions, cette marmite de famille qui est invariablement à trois pieds, et ressemble aux chaudrons des bohémiens, est établie plus ou moins en évidence dans le voisinage de chaque maison. Ici, point de huttes couvertes de gazon, mais de jolies petites maisons très convenables, construites en briques cuites au soleil. Les portes sont peintes en ocre rouge ou jaune, et les murs à moitié couverts de plantes grimpantes. Quiconque désespère de la civilisation des Cafres n'a qu'à venir ici ou dans les stations analogues, pour voir avec quelle facilité ils s'accommodent des choses et des usages qui leur procurent le bien-être, et comme ils peuvent être aisément amenés à vivre d'une façon ordonnée et décente, en société avec leurs égaux.

Edendale est une station de missionnaires de l'église Wesleyenne, et l'histoire de son établissement est extrêmement curieuse, en ce qu'elle n'est pas du tout le résultat d'une coûteuse organisation, d'un système étudié de prosélytisme, mais originairement l'œuvre d'un homme seul, — du côté des naturels l'effet d'avoir compris les bénéfices de l'association et de la civilisation. Et ici, je me crois obligée de rendre témoignage de l'énorme quantité de bien réel, tangible, accompli avec un rare bonheur par les missionnaires wesleyens, méthodistes, baptistes, dans toutes les parties du monde, chez le peuple noir. J'en ai recueilli les preuves pendant toute ma vie. Je crois ne le céder à personne en affection et en respect pour le culte que je professe; mais mon profond attachement à l'Église ne saurait m'empêcher de rendre hommage à la vérité. A la Jamaïque, il y a bien longtemps, que de fois ma sœur et moi, dans nos courses de jeunes filles, à la recherche d'une orchidée rare, ou de nids de perroquets, sommes-nous tombées tout à coup dans une petite clairière, au milieu du profond silence et de l'épaisse verdure d'une forêt des tropiques. Au centre de la clairière s'élevait un grand hangar couvert de chaume, ayant pour sièges des arbres non équarris, sans portes ni fenêtres. — « Qu'est-ceci, » demandions-nous au jeune nègre, qui chevauchait derrière nous sur une mule, pour ouvrir les barrières, ou nous indiquer le droit chemin? — « C'est la chapelle baptiste, mesm' selles. Le dimanche, homme bon vient prêcher et dit bonnes choses à nous, pauvres nègres. » — Voilà la réponse, et ce peu de mots résumait l'histoire d'années d'humilité et de patience à semer le grain de la bonne semence. — années inconnues au monde brillant des environs. C'était la même chose dans l'Inde, jusqu'aux sommets de l'Himalaya; j'en ai entendu vingt fois le récit. Pendant, qu'avec notre système d'organisation, il faut attendre des concessions de terrain, se procurer des maîtres diplomés, des pupitres, des bancs, et Dieu sait quoi encore, le missionnaire baptiste ou wesleyen abat quelques arbres, les débite en sièges et en cloisons, couvre de chaume son abri, et commence à donner à la population répandue çà et là autour de lui quelques leçons de cette charité et de cette décence particulière à la vie chrétienne.

Edendale-station a eu sans doute aussi d'humbles commencements. Mais quand je la vis dans cette belle journée d'automne, il était difficile de se rappeler ce premier embryon d'existence. A droite s'élevait une chapelle en briques, solide, et assez jolie pour sa destination, avec des sièges propres et de bonnes boiseries à l'intérieur. Cette simple construction a coûté cependant plus de mille livres dont chaque penny (sou) a été fourni par les Cafres, lesquels, il y a vingt-cinq ans, n'avaient jamais vu une brique ni un banc. Edendale n'est pas le seul endroit consacré au culte et à l'instruction dans la station. Quoique cette station ne mesure que 3600 acres de terres cultivées, avec un millier d'habitants, elle renferme encore une chapelle située sur un point frontière, quatre externats avec deux cents écoliers, et trois écoles du dimanche fréquentées par deux cent quatre-vingts enfants. En outre, j'ai appris avec beaucoup de plaisir que, le dimanche, plus de deux cents naturels appartenant aux kraals voisins assistent au service des chapelles, attirés probablement et principalement par les chants. Mais toute chose a son commencement, et, je le répète, le Cafre est assez intelligent pour comparer sa hutte fétide, son misérable accoutrement, sa nourriture toujours la même, avec les membres de cette petite communauté, tous bien vêtus, bien nourris, bien logés, qu'il voit un moment chaque semaine, et qui, à l'exception du pasteur, sont aussi noirs que lui-même.

Le premier fondateur, l'organisateur de cette petite colonie, vers 1851, fut un missionnaire wesleyen appelé James Allison, connu par ses longues et fructueuses prédications chez les Basutos (1), et parmi les tribus des Amaswazi, au loin dans l'intérieur. M. Allison quitta la station, il y a une douzaine d'années, et il a eu depuis trois ou quatre successeurs, dont le dernier est le révérend Daniel Éva qui, malgré ma qualité d'étrangère absolue, m'a fait le plus cordial et le plus aimable accueil, me montrant tout ce qui pouvait m'intéresser, et répondant avec empressement à mon désir de tout connaître.

Le village compte une centaine de maisons avec huit cents habitants. Il s'appelle Georges Town (du nom de sir Georges Grey). J'entrai dans quelques-unes de ces maisons, sur l'invi-

(1) Le pays des Basutos est à l'ouest du Natal, et forme un district de la colonie du Cap.

tation spéciale et pressante des propriétaires. Vous ne sauriez croire à quel point ces demeures étaient propres, confortables, et le bon goût qui distingue le Cafre civilisé, en fait de décoration intérieure. En réalité, c'est par l'excès d'embellissement que pèchent leurs maisons, comme vous en seriez aisément convaincue, si je vous en faisais la description. Je pus remarquer dans l'une d'elles un salon avec chambre à coucher à l'anglaise. Outre un ameublement complet, les tables de ce salon étaient couvertes de carpettes aux couleurs voyantes supportant des livres, et il y avait des vases et des peintures de Chine à profusion.

J'éprouvais le désir de jeter un dernier coup d'œil sur l'école principale, dont les enfants étaient au moment de lever la séance pour une longue récréation. Nous y revînmes, mais seulement pour assister à la sortie impétueuse des écoliers, criant, chantant, et témoignant par une joie bruyante leur plaisir de voir finir les leçons de la semaine. Les petites filles faisaient leurs politesses gentiment avec un peu de timidité. Mais les garçons étaient attentifs à saluer à la charmante manière cafre, la main droite levée et les deux premiers doigts tendus, en criant Inkosi! C'est bien plus joli, bien plus gracieux que la complication de ce geste de la main et de ce salut que les enfants de nos villages exécutent si gauchement.

Combien j'aurais aimé à relever cette école, à suspendre aux murailles de jolies images et des leçons de choses en dessins coloriés pour ces vives petites créatures que cette vue aurait ravies de joie. Mais les frais de premier établissement ont été si chers, qu'à l'heure qu'il est il ne reste d'argent que pour l'absolu nécessaire. Aussi l'école manque-t-elle de beaucoup de choses en fait d'améliorations. Mais elle était propre d'aspect et très agréable. Un inspecteur n'aurait pas eu à déterminer la quantité de mètres cubes d'air nécessaire à chaque élève; la brise de la montagne sifflait dans les combles et par les fentes. Le plancher était bien balayé tous les jours; mais les livres nouveaux, les tables, les bancs, les pupitres, tout en un mot faisait tristement défaut. Et cependant, jugez quel bien résulterait, si les plus intelligentes, les mieux douées des petites filles étaient retirées de l'école, vers l'âge de douze ans, pour être placées dans une maison d'apprentissage, où on leur apprendrait à coudre, à laver, et en général le service d'une maison. Il n'est pas un endroit dans toute la colonie où l'on puisse se procurer une bonne femme de chambre, et voilà de jolies petites filles éveillées qui ne demanderaient qu'à être enseignées pour devenir d'excellentes domestiques, et plus tard de bonnes et utiles épouses, au lieu de grignoter du maïs, et de fouir la terre. J'en ai vu une qui calculait à merveille, et elle n'avait que onze ans.

La conclusion de tout ceci, c'est que j'exhorte quelques-uns d'entre vous, gens si riches, à soutenir, à encourager les colons d'Edendale, en venant au secours de leurs écoles, et en organisant, si c'est possible, des maisons d'apprentissage, où les garçons, qui ne sont bons qu'à fendre du bois ou à porter de l'eau, apprendraient de bons métiers, les filles les soins du ménage. Non seulement cette idée devrait être adoptée, mais agrandie et appliquée sur une grande échelle dans toute la colonie.

Il y a aussi quelques missions norvégiennes établies sur les frontières du pays des Zoulous, sous la présidence de l'évêque Schreuder. Rien ne peut rendre l'intérêt que m'a inspiré un rapport de cet évêque, concernant une visite qu'il a faite au roi des Zoulous Cettiwayo (faites claquer la langue en prononçant le *c*). Je l'ai copié dans un « Livre Bleu » (1) à votre intention, car, pour nous autres exilés, il y a de l'intérêt même dans un Livre-Bleu. Pour moi, j'en tourne les pages avec délices toutes les fois qu'il m'en tombe un sous la main. — Vous pourrez juger par vous-même du récit de l'évêque. Je dois ajouter seulement que, dans le corps des missionnaires, M. Schreuder est regardé comme un des plus zélés et des plus intrépides, également respecté des blancs et des noirs. La personne de qui je tiens le fait, voulant me donner une haute idée de l'évêque, a résumé son panégyrique dans une seule phrase, en vrai style de colon : « C'est un gaillard comme il n'y en a pas, à dix lieues à la ronde » : phrase que je trouve tant soit peu malsonnante en parlant d'un évêque.

(1) Répond à notre Livre-Jaune et contient les pièces officielles que le ministère juge à propos de communiquer au Parlement.

Ce rapport est adressé en forme de lettre au ministre du Natal spécialement chargé des affaires des naturels.

Untunjumbili, 20 août 1875.

Cher Monsieur, je vous demande la permission de vous adresser un court résumé de mon voyage, au sujet d'une entrevue avec le roi des Zoulous.

Après une ennuyeuse route d'ici à Undi en franchissant le fleuve Tugela (1), j'arrivai le cinquième jour (5 août) au kraal de la résidence royale, d'assez bonne heure pour avoir une entrevue préliminaire avec les grands personnages qui s'y trouvaient, savoir : Umjamana, Uganze, etc., et, conformément à l'étiquette des Zoulous, je leur communiquai la substance de mon message en ses principaux points, comme je le fis le lendemain en présence du roi lui-même.

N. B. Dans le courant de la soirée, l'un des principaux officiers me fit entendre que sur la

(1) Le Tugela sépare le pays des Zoulous de la province du Natal.

question des massacres(1), tout n'allait pas pour le mieux, qu'il y aurait lieu d'insister là-dessus, lors de mon entrevue avec le roi, et de lui en rafraîchir la mémoire (je devrais dire la conscience, car pour sa mémoire, elle est très bonne, même remarquablement bonne); qu'il n'y avait pas pour cela de meilleure occasion que celle qui se présentait. La suite a prouvé que cet avertissement était excellent, et qu'il me fut donné fort à propos.

Ils employèrent la matinée, avec leurs lenteurs accoutumées à communiquer ces nouvelles au roi, en sorte qu'il était déjà midi quand je fus mis en présence de Cettiwayo. Je pris la parole mot pour mot en ces termes :

Aujourd'hui, mon arrivée ici n'a rien qui me concerne. Je viens, à la requête des gens d'au delà (du Tugela), pour vous faire, de ma main et par ma bouche, remise d'un livre qui vient de la part de Victoria, reine des Anglais; c'est le livre des nouvelles lois du pays des Zoulous, qui ont été proclamées solennellement à Umlangbongwenia par Somtsen (M. Shepstone), le jour où, en ayant reçu la mission, il

(1) Voir ci-dessus, p. 183 et suivantes.

vous a choisi pour roi des Zoulous. Voici la déclaration de Victoria, reine des Anglais : « Moi, Victoria, assistée de mes grands chefs (les ministres), j'ai lu les nouvelles lois du pays des Zoulous, que vous, Roi, et tous les Zoulous, avez concertées avec Somtsen ; et de même que nous nous en tenons à nos paroles, ainsi je réclame que vous, chef des Zoulous, vous gardiez fidèlement les vôtres, les paroles de la loi qu'il vous a plu d'accepter, le jour où vous avez été fait roi par M. Shepstone, lequel en avait reçu mandat du gouvernement du Natal. » — Et maintenant j'ai fini. Ce sont là les seuls mots que j'ai portés avec moi, de la part des chefs d'au-delà du Tugela.

Naturellement, la copie de l'acte royal avait été traduite mot à mot.

J'entrai ensuite dans quelques explications destinées à leur faire bien comprendre l'importance de la démarche que je venais d'accomplir. Ces explications achevées, Uganze avec son intempérance ordinaire de langage voulut soulever quelques objections, sous prétexte que les Zoulous, peuple de noirs, ne savaient ce que c'étaient que les livres, et n'en-

tendaient pas la valeur de ces documents écrits.
— Non, Ganze, lui répondis-je. Après vous être adressé, comme dans le cas présent, à une nation qui traite toutes les affaires par écrit, ne venez pas dire que vous n'entendez rien aux écrits. Vous tous savez très bien que les choses écrites dans les livres sont toutes puissantes chez le peuple blanc. Il est donc inutile qu'après avoir obtenu du peuple blanc l'objet de vos vœux, vous veniez prétexter votre ignorance des livres. Si vous ne savez pas lire les livres vous-même, vous n'avez rien de mieux à faire qu'à vous procurer une personne de confiance qui les lise pour vous, ou d'apprendre à lire vous-même.

Cettiwayo parut mécontent des chicanes élevées par Uganze, et confirma très correctement ce que j'avais essayé de leur faire comprendre. — « Le roi, dis-je alors à Uganze, reconnaît l'exactitude de mes assertions. Vous avez reconnu vos propres engagements d'adhérer fidèlement à la nouvelle loi. Les chefs d'au delà du Tugela n'en demandent pas davantage; mais ce qu'ils exigent, c'est que vous conformiez vos actes au texte de la loi. »

Ici encore, Uganze demanda ce que j'entendais par leurs actes. — « C'est, lui répondis-je, que vous gouverniez et administriez ce pays des Zoulous en conformité avec la nouvelle loi; et que vous ne la transgressiez jamais. » Je complétai cette interprétation, en leur déclarant franchement que l'on s'entretenait beaucoup au Natal des grands massacres qui se faisaient au pays des Zoûlous; qu'on était unanime à me demander si cette grande quantité de meurtres s'accomplissaient réellement, en dépit de la loi nouvelle. — « Je vous le déclare sérieusement, roi Cettiwayo, votre réputation est mauvaise parmi les blancs. Tous ces bruits d'exécutions sanguinaires ne sont pas encore officiellement parvenus au gouvernement, mais ils sont arrivés à ses oreilles, et personne ne peut dire quelles peuvent en être les conséquences dans la suite, peut-être demain. »

Le roi et ses Izindunas demeurèrent étonnamment calmes, disons plutôt mordus par leur conscience, tout le temps que je fis allusion aux massacres. Je m'attendais à quelque explosion de leurs violences accoutumées, mais il n'en fut rien. Je jugeai alors à propos de couper court à toutes nouvelles explications : « Maintenant, ô Roi, je n'ai plus rien à dire; ma mission verbale est terminée : il ne me reste qu'à remettre entre vos mains cette magnifique copie de la nouvelle loi. » Cettiwayo me dit alors : « Mettez-la là. » Il désignait du doigt la natte qui était sous ses pieds. — « Non, répondis-je, je n'en ferai rien. Ce livre n'est pas pour être à vos pieds, mais vous pour être aux pieds du livre. Si mes mains ne sont pas dignes de vous le présenter, vous n'êtes pas non plus digne de le recevoir. Ne faites pas le difficile. » Alors il reçut la copie de ses mains, la déposa lui-même sur la natte, mit ses deux coudes sur les genoux, et prenant sa tête entre les deux mains, il poussa cette exclamation particulière aux Cafres, et qui signifie : Quel homme, mon ami, quel homme!

Le roi, c'était évident, était tellement bouleversé, qu'il oublia tout à fait ses rengaînes finales et ordinaires, comme de réclamer un costume royal, depuis longtemps le plus cher de ses vœux, ou autre chose analogue; et il se borna à demander un chien pour aboyer à sa porte pendant la nuit. Cettiwayo et ses Indunas insistèrent ensuite pour que mon départ fût remis au lendemain, le Roi ayant à préparer quelque chose pour moi (me faire cadeau probablement d'un bœuf vivant). Dans le cours de la soirée, je reçus de sa part un message spécial portant prière de consulter un docteur en médecine pour certaine douleur qu'il ressentait à la poitrine (1), et ensuite pour un de ses Indunas qui était devenu complètement sourd. Le messager ajoutait que le roi s'était plusieurs fois adressé à vous pour demander des remèdes, mais qu'il n'avait jamais obtenu de réponse. Je suppose qu'il a compris qu'il en coûterait fort cher de mander quelque empirique de Natal, et qu'il serait par conséquent meilleur marché d'obtenir de vous l'assistance d'un vrai docteur sans bourse délier. Je suis avec respect, etc.

(1) Cettiwayo est mort, en effet, cet hiver d'une maladie de cœur. Son fils Usegetwayo vient de recueillir son héritage, appuyé par les Boers.

LETTRE X.

Un *commando* chez les Boers. — Serpent occis dans la chambre de bébé. — Adresse et courage de Jack. — Visite de Mayicali, princesse des Cafres.

Maritzbourg, 3 juin 1876.

Poussière et bazar : je n'ai pas d'autre sujet à vous offrir. Je devrais peut-être commencer par le bazar, car c'en est fait, il n'existe plus, laissant vendeurs et acheteurs fort reconnaissants; au lieu que la poussière nous demeure, et augmente, de plus en plus, en volume, en densité, en agitation. Cependant il subsiste encore un reste de température saine et fortifiante, et nous en profitons de tout notre cœur. Nous nous en félicitons mutuellement, et nous soutenons encore une fois aux nouveaux arrivants, « que nous possédons le climat le plus beau du monde ». Cette affirmation avait complètement disparu de notre vocabulaire pendant l'été; mais on l'entend de nouveau répéter de tout côté, et j'avoue n'avoir pas assez d'énergie dans mon âme pour prendre la lance et le casque, et m'en aller en guerre contre elle. Le temps, je le reconnais, ne laisserait pas d'être fort agréable, si seulement les citernes n'étaient pas vides, si les puits contenaient un peu plus d'un demi-seau de boue liquide, émaillée de beaucoup de grenouilles, si, faute de pâturage, les vaches ne donnaient pas tout au plus une tasse de lait par jour, si le beurre ne coûtait pas une demi-couronne (5 shellings) la livre, avec un goût rance fort désagréable au palais du consommateur.

A propos de poussière, je me félicite plus que je ne saurais le dire d'habiter, avec ma famille, hors de la ville, quoique les jolies collines verdoyantes des environs soient maintenant jaunes et flétries, et tachées çà et là de grandes plaques noires, car le feu fait rage nuit et jour parmi les hautes herbes. Dans cette saison, les gens prudents brûlent une certaine étendue de terrain autour de leurs haies et de leurs arbres pour couper ce feu vagabond. Il y a ici si peu d'arbres de haute futaie, que l'on ne veut pas s'exposer à voir griller en une heure par des flammes qui marchent très vite le petit nombre d'arbres à gomme que l'on possède. Cependant l'hiver ne fait que commencer, et j'entends dire que je ne puis me faire une idée de la poussière et de la sécheresse. Je commence de mon côté à songer avec amour à ces bonnes tempêtes, accompagnées chaque soir de grands coups de tonnerre, et qui finissaient invariablement par un déluge. — Bon, direz-vous, voilà des gens difficiles à contenter. — Mon Dieu, je me sens prête à avaler mon contingent de poussière aussi stoïquement que personne. Toutefois, je l'avoue, ce n'est pas sans une horrible angoisse que je me vois au moment de ne savoir comment me procurer du lait pour mes enfants. Frédérick refuse carrément d'acheter une vache, car, dit-il, il en serait d'elle comme du reste. Mais je crois que si j'avais seulement une vache, je trouverais le moyen de lui procurer quelque nourriture. Je vois avec un sentiment d'horreur ces affreuses conserves de lait s'approcher de jour en jour davantage.

Je me ferais un reproche de ne pas entrer dans quelques détails à propos de notre bazar. En Angleterre, vous croyez peut-être savoir quelque chose en fait de bazar, mais je vous assure que non! non pas, dans tous les cas, quand il s'agit d'un bazar comme le nôtre. Nous avons été en préparatifs pour lui, travaillé pour lui, intrigué pour lui, fait des annonces pour lui; nous l'avons construit en zinc et en calicot; nous l'avons décoré, et pour tout dire, nous nous y sommes employés comme des esclaves, pendant un an et plus. A mon arrivée, les premiers mots que j'entendis avaient trait au bazar. Quand je parlai de me procurer quelqu'un qui voulût bien m'aider dans ma stalle, on me rit au nez; toutes les jeunes dames de l'endroit ayant été déjà retenues des mois auparavant, comme dames de comptoir. Je ne sais comment je m'en serais tirée, si une bien charmante personne n'était arrivée quelque temps après moi. A peine avait-elle mis le pied à terre, que je me jetai sur elle et m'en emparai avant que personne connût son arrivée. J'étais presque au désespoir, et je sent... que c'était mon unique ressource. Je n'eus pas lieu de m'en repentir.

Je m'aperçois que je ne vous ai dit mot de l'objet de notre bazar, ni expliqué pourquoi nous avons mis tant d'ardeur à l'organiser. Il avait pour but de venir en aide à la société littéraire du Natal, qui a existé pendant quelque temps, en faisant tous ses efforts pour fonder une bibliothèque publique et un cabinet de lecture; faisant aussi des conférences et autres exercices analogues. En un mot, son objet était de créer quelques moyens d'élever et de polir l'esprit de la partie la plus intelligente de la capitale. Rude a été la besogne, et elle fait beaucoup d'honneur aux promoteurs de ce bazar. Leur sort n'a pas été différent de celui qui est réservé à tous les pionniers du progrès. Ils furent dès l'abord assommés de toute sorte de funestes prophéties; mais ils prennent aujourd'hui leur revanche contre leurs détracteurs. La bâtisse n'a pas été incendiée, le bazar n'a pas été pillé; il n'y a pas eu d'émeutes; toutes les stalles sont arrivées à temps; tout le monde a montré le plus charmant caractère; aucune des dames de comptoir n'a péri, faute d'air (c'étaient là quelques-uns des plus agréables pronostics); enfin, circonstance digne de remarque, après tous frais payés, un reliquat de 2,000 guinées a été placé à la banque, au crédit de la société.

Tout le monde est venu, de près ou de loin, visiter notre bazar; chacun s'est montré fort libéral dans ses achats. Les objets en vente avaient été choisis en vue des besoins d'une société qui n'a pas beaucoup à donner au luxe: ils étaient très jolis, mais tous fortement marqués au coin de l'utilité pratique. Je vous laisse à penser quels bonheurs pour les enfants! Londres et Paris, l'Italie et l'Autriche, l'Inde et l'Australie avaient fourni leur contingent, pour ne rien dire des Cafres, avec leurs armes, leurs ustensiles de bois, leurs bestiaux, leurs légumes et leurs fleurs. Chacun a répondu à nos sollicitations, nous a aidés de la façon la plus généreuse et la plus aimable. Nous nous sommes surtout immensément réjouis du résultat financier. Ces 2,000 guinées, somme relativement considérable, par rapport à nos maigres ressources, vont servir, selon le projet primitif, à bâtir un édifice convenable pour recevoir une bibliothèque, une salle de lecture et un musée.

De tous nos chalands, les meilleurs étaient ces drôles de vieux Hollandais, venus de bien loin dans les terres pour assister aux courses et à l'Exposition d'agriculture, qui avaient lieu en même temps. Ils achetaient, sans regarder, les choses les plus étonnantes, en mettant pour condition à leur achat, qu'ils ne seraient pas obligés de se charger de la marchandise. Un trait de leur invention était de présenter à une boutique ce qu'ils avaient acheté dans une autre. Un de ces dignes gens était porteur d'une grande poupée en cire, avec un costume de mariée. Il nous supplia de l'accepter pour notre boutique, et de le délivrer de sa compagnie. Un peu plus tard, dans la soirée, un immense vase en verre nous fut offert de la même manière : de façon qu'à la fin nous en vînmes à saluer la vue de ces énormes chapeaux de castor, avec leurs larges bords et leurs formes pointues, comme le signal d'une bonne fortune ; mais le plus vif objet de ma curiosité, c'étaient les héros de la manœuvre des fusées. — Elle n'est probablement pas arrivée jusqu'à vous, cette délicieuse et véridique histoire, comme on n'en voit que dans l'Afrique du Sud. Je vais donc vous la raconter. Mais, pour l'apprécier à toute sa valeur, il faudrait voir en personne les Boers ou fermiers émigrés.

Il y a quelque temps, les habitants d'une petite station, située fort loin sur la frontière, prirent alarme de l'attitude menaçante de leurs voisins noirs. Je ne veux pas m'appesantir sur l'origine plus ou moins fondée de la querelle ; tout ce qu'il faut savoir, c'est qu'un beau matin, un « commando » reçut l'ordre de marcher. Un « commando », c'est une troupe armée jusqu'aux dents, qui part avec l'intention bien arrêtée de rendre aux ennemis tout le mal qu'elle pourra. Les chefs de cette troupe guerrière avaient pensé qu'une batterie de fusées serait une arme excellente, très propre à jeter la terreur parmi des tribus de sauvages, en l'accompagnant de deux canons de montagne. On se procura l'argent nécessaire, et l'on vit arriver d'Angleterre un joli petit tube à fusées muni de tous ses engins, et des petits canons de campagne des mieux conditionnés. Ils arrivèrent à point nommé, c'est-à-dire, la veille même du départ de ce vaillant « commando » ; On jugea prudent toutefois de faire l'essai de ces armes nouvelles avant de partir. Ordre fut donné de se réunir de bonne heure sur la place du marché, et d'apprendre à manœuvrer cette artillerie avant de se mettre en route. Ce ne fut pas seulement la milice, c'est toute la population de la ville qui vint à l'assemblée, hommes, femmes et enfants, tous bourdonnant comme des abeilles autour du rocket-tube, que l'on avait placé auprès du magasin à poudre, pour se trouver plus à portée des munitions. La première difficulté consista à trouver quelqu'un qui eût au moins vu un canon de sa vie : quant au rocket-tube, c'était une invention nouvelle. Les plus scrupuleuses recherches n'aboutirent qu'à la découverte d'un Boër qui, longtemps, longtemps auparavant, avait navigué sur un vieux navire à thé, lequel possédait une couple de petits canons pour faire des signaux. Ce valeureux canonnier fut nommé incontinent commandant en chef de l'artillerie, et chacun de prendre place pour voir ce qui allait arriver.

Le tube fut duement placé sur le chevalet ; le compagnon de passage des deux vieux petits canons procéda au chargement d'une main mal assurée, puis essaya de faire feu. Charger était chose relativement facile, mais faire feu! Je voudrais connaître les termes techniques usités dans la manœuvre des fusées, mais quoiqu'ils m'aient été expliqués en détail une demi-douzaine de fois, je ne me sens pas assez forte pour oser m'en servir. Le résultat final, c'est que une certaine corde, ou toute autre partie de l'appareil, ayant été employée contrairement à la manière généralement adoptée pour lancer une fusée, la moitié seulement du projectile prit feu, ne put sortir du tube que bouchait l'autre moitié, et qu'au lieu d'une explosion, il ne se produisit qu'une effrayante commotion à l'intérieur du tube. Le chevalet tourne rapidement sur lui-même; le sifflement et le bruit augmentent d'instant en instant, et à la fin part et résonne avec éclat la malheureuse fusée prisonnière. Mais l'espace n'était pas vide devant elle. Elle ricoche dans les arbres, traçant des zigzags çà et là, frayant une place à ses traits enflammés au milieu de la foule des spectateurs saisis d'épouvante. On ne savait où s'arrêterait ce sillon de feu, quand s'élève un cri terrible: Le magasin à poudre!... Mais, avant que la fusée pût arriver jusque là, elle avait fait sauter en entier une charrette chargée, et finalement s'était jetée sur les bœufs, en avait tué deux et cassé la jambe à un troisième.

C'était un début lamentable pour le capitaine improvisé; mais il se justifia en disant qu'après tout des fusées n'étaient pas des canons; de ceux-ci, il avait parfaite connaissance, ayant pendant longtemps fumé et refumé sa pipe à bord du navire à thé, tout à côté de ses deux canons. Cependant les canons les plus pacifiques ont la vilaine habitude de reculer en écrasant les orteils circonvoisins. Pour se garder contre cette habitude bien connue, il serait expédient de planter solidement dans la terre la queue (l'affût) de ce petit camarade : cela fait, il serait bien obligé de se tenir tranquille. — Volontaires, en ligne avec pioches! Ce commandement s'exécute; une fosse de proportion convenable est creusée pour recevoir l'affût du canon, lequel est recouvert de terre. Il n'y avait désormais rien à craindre pour le charger. Deux charges de poudre sont soigneusement bourrées dans l'intérieur, et par-dessus deux boulets. Il y eut bien aussi un peu d'hésitation pour appliquer le porte-mèche à la lumière, car on ne se servait pas de porte-mèche à bord du navire à thé, mais enfin quelque chose finit par prendre feu : un boulet s'élance dans la direction de la place du marché, et va s'enfoncer dans la terre. Mais hélas! trois fois hélas! voilà maintenant le canon qui se comporte de la façon la plus extraordinaire. Il tourne proprement sur son affût, et pointe sa gueule droit au milieu de la foule des Hollandais rangés, bouche béante, sur ses derrières : cependant ses roues tournaient à la vitesse de soixante milles à l'heure, et l'on pouvait entendre une sorte de bourdonnement formidable à l'intérieur. La pensée du deuxième boulet se présente alors vivement à tous les esprits, et produit un curieux remue-ménage parmi les spectateurs. Les gros Hollandais étaient là, ouvrant de grands yeux, comme s'il s'agissait de quelque jeu d'enfant. Ils étaient rangés les uns derrière les autres, chacun ayant les mains posées sur l'épaule de son voisin. Mais sitôt que les hommes du pre-rang se virent à découvert, chacun s'empresse de repousser cette étreinte et s'enfuit en arrière pour se mettre en sûreté. Quelque amusant que fût ce mouvement de retraite, il faut convenir qu'il était assez naturel, quand il s'agissait de la gueule d'un canon à moitié chargé, pointée droit sur vous-même. On est heureux de penser que, malgré la présence de si formidables engins, il n'y eut pas de malheur à déplorer (1).

Pour bien apprécier mon histoire, il faudrait avoir vu les frères d'armes de ces vaillants; l'étonnante variété de leurs longueurs et de leurs grosseurs, la diversité de leurs costumes et de leur équipement. En voici un qui a plus de six pieds de haut; c'est un géant pour la taille et la carrure. Il est à cheval sur une selle magnifique, sortant du magasin, toute battant neuf dans les moindres détails. Son plus proche voisin dans le rang est à peine haut de cinq pieds : on tracerait une circonférence parfaite autour de sa personne. On aura dû le rouler avec difficulté sur le dos de son

---

(1) J'ai conté mon histoire à un brave canonnier de l'artillerie royale, et il m'a tout nettement déclaré qu'il la croyait impossible, mais cela ne me regarde point. J'ai rendu ce récit tel qu'il m'a été donné, et les artilleurs n'ont qu'à ne pas le lire, voilà tout. (*Note de l'auteur.*)

bidet dont le harnachement consiste en deux vieux quartiers de selle cousus ensemble avec un morceau de peau de bœuf; sur le tout il a jeté une peau de mouton. Vous conviendrez qu'un régiment ainsi tourné semblerait un peu drôle à un troupier ferré sur la discipline, sans accompagnement de canon ruant par derrière, sans fusée tournant, crachant et sifflant à grand bruit.

Juin, 7.

Je cherche dans ma mémoire ce qui peut vous intéresser depuis ma dernière lettre. Ah!... j'ai eu la visite d'une princesse cafre, et nous avons tué un serpent dans la chambre de bébé : c'est-à-dire c'est Jack qui a tué le serpent. Jack est le factotum de la maison, et certainement le serviteur le plus agréable et le plus entendu que j'aie jamais eu. Jack est un tout petit homme, Zoulou de naissance, mais il parle bien anglais, et met son plaisir et son orgueil à s'habiller comme un jeune Anglais, jusqu'à chausser ses pieds nus dans des bottines étroites, dût-il en souffrir cruellement. Jack comprend à merveille tout ce que je lui enseigne en fait de cuisine, et il nous fait des dîners excellents. Il est le plus brave de la maison, le premier à s'escrimer et à donner le *coup de grâce* dans tous les combats contre les serpents.

Dans la circonstance dont je parle, ma première pensée fut d'appeler Jack au secours. — Par un beau soleil de midi, j'avais voulu donner un coup-d'œil dans la chambre des enfants, pour savoir si bébé était toujours endormi, et je ne pouvais imaginer ce qui pressait si fort contre la porte, et m'empêchait de l'ouvrir. Je voulus m'en assurer, et que vois-je? la tête d'un gros serpent qui se dresse au bord de la porte en dardant une langue fourchue. J'aurais dû essayer de chasser la bête; je me contentai de pousser la porte sur elle, et appelai Jack, en m'armant de ma cravache. Jack accourut aussitôt, mais il déclina l'offre que je lui fis de prendre une canne dans le hall (vestibule), n'ayant aucune confiance, disait-il, dans les cannes anglaises, et préférant à tout son solide et léger bâton. Nous ouvrons la porte avec précaution. Le serpent était en ce moment replié, en posture de combat. Réfugié dans un coin difficile à aborder, il tendait le cou et dardait sa tête. Jack s'avança hardiment, et s'escrima quelque temps avec cette tête qui cherchait à l'atteindre ; puis, saisissant le moment favorable, il lui porta dextrement un coup qui fut le bon. Je me trouvai tout à coup devenue extrêmement courageuse, quand Jack eut crié : « Le voilà mort, Inkosa-casa. » Je criblai la bête de coups de cravache, comme pour exprimer mon indignation de ce qu'elle eût osé envahir la chambre et boire une tasse de lait mise de côté pour l'enfant.

Bébé s'était éveillé, fort réjoui de la bataille, et curieux d'examiner le serpent suspendu maintenant au bâton de Jack.

Cet événement nous a tenus dans la crainte et le soupçon pendant quelques jours, car toutes les chambres ouvrent sur la véranda, et les serpents aiment beaucoup à trouver un endroit chaud et tranquille pour y passer l'hiver. Nous avons organisé de scrupuleuses recherches dans tous les coins, dans les armoires, derrière les rideaux, et particulièrement dans les bottines. Mais, quoique un certain nombre de serpents aient été vus et tués tout près de la maison, je dois déclarer que celui-là est le seul qui se soit introduit dedans. Les grenouilles y sautent quand elles peuvent, et nous font craindre pour notre vie quand elles se heurtent contre nous dans l'obscurité. Il faut maintenant user d'une certaine dose de remontrances pour engager chacun de nous à s'aventurer le premier. Il y a maints cris de frayeur, maintes fausses alarmes causées par la mèche de l'un des nombreux fouets de Georges, ou même par un lacet de bottine trouvé sous le pied dans la nuit.

Ma princesse cafre écouta poliment le récit très dramatique de l'aventure du serpent, qui lui fut transmis par l'intermédiaire de Maria. Mais elle écouta tout de la même manière, et se montra un modèle absolument achevé de la jeune dame la mieux élevée. Calme, digne, sans la moindre nuance de fierté, avec l'air d'une impératrice, et le sourire d'un enfant, telle était Mayikali, jeune veuve âgée d'environ vingt ans. Son mari — impossible d'épeler ou de prononcer son nom — était chef de la tribu des Putili, dont le quartier se trouve fort loin dans le nord-ouest par rapport à nous, sur les bords de la rivière Bushman, tout au pied de la grande chaîne du Drakenberg. Cette tribu éprouva des revers dans les derniers troubles suscités par Langalibalele, et perdit ses bestiaux, on ne sait trop comment. Nous jugeons évidemment que c'est par notre faute, car, il y a chaque année une somme portée à notre budget pour acheter à cette tribu des charrues, des houes, des couvertures et du maïs. Mais, en attendant la récolte, ils ont beaucoup à souffrir, et leur charmante « chéfesse » était venue à Maritzbourg pour exposer quelque cas particulier de misère et de souffrances à leur bon ami, le ministre des affaires concernant les naturels, auquel ils ont toujours recours dans leurs infortunes. Pauvre enfant, elle a en perspective des temps bien pénibles, ayant à sauvegarder la qualité de chef en faveur de son fils, un enfant de cinq ans.

Je prenais mon thé de cinq heures, suivant mon habitude, sous la véranda, par une froide journée de samedi, lorsque Mayikali vint me faire visite. J'eus donc le loisir de la voir à mon aise, lorsqu'elle parut dans l'avenue avec sa dame d'honneur (celle qui a pour mission d'écarter les pierres de sa route), et escortée de très près par une douzaine d'hommes âgés, graves, ornés d'anneaux, qui ne la perdent jamais de vue et formaient sa garde du corps. C'était quelque chose de charmant et d'émouvant à la fois, quand on sait à quel point les femmes cafres sont méprisées de leurs seigneurs et maîtres, de voir le profond intérêt, le zèle, le dévouement dont témoignaient ces conseillers, ces guerriers à la haute stature, à l'égard de cette jeune femme aux beaux yeux, à la physionomie grave. Leur joie, leur orgueil, à la manière dont je la reçus, était la chose du monde la plus touchante. Je vins à sa rencontre, pendant qu'elle s'avançait à la tête de sa suite, avec sa gracieuse démarche et son port de reine. Elle me donna la main avec un sourire charmant, et je la conduisis au haut des degrés de la véranda. Je la fis asseoir dans un grand fauteuil, et deux ou trois messieurs qui se trouvaient là par hasard lui ôtèrent leurs chapeaux. A cette vue, la joie de son monde ne connut plus de bornes. L'orgueil était peint sur leurs noirs visages intelligents. Ils levèrent la main droite en signe de salut, avant de s'asseoir à l'extrémité de la véranda, les regards tournés vers leur maîtresse, et la perdant de vue à peine un moment. Maria nous servait d'interprète, ce qu'elle fit gentiment, en souriant avec grâce. Mais le grand succès de la cérémonie fut le bébé, qui vint à tourner le coin de la maison de son petit pas mal assuré, et apercevant dans un grand fauteuil cette figure drapée en vêtements éclatants, leva sa petite main, et cria : « bayete ». Cette heureuse pensée fut chaleureusement accueillie par les Indunas avec les cris de : « Inkose, Inkose ! » La princesse elle-même, à travers la gravité de son maintien, laissa percer son plaisir. Je lui offris du thé qu'elle prit sans lait, se servant de sa tasse, de sa soucoupe et même de sa cuillère comme si elle en avait usé toute sa vie, non toutefois sans un peu d'émotion, en songeant à la nature fragile de la porcelaine, comparée aux calebasses et aux écuelles de bois dont se servent les Cafres. Chacun des hommes de sa suite reçut un cigare qu'ils pilèrent aussitôt et humèrent ensuite en guise de tabac à priser, non sans des grognements marqués de satisfaction.

Il n'y a rien au monde qui tourne plus vite

à la fadeur que les compliments, et notre conversation qui avait principalement ce caractère commençait à languir d'une façon inquiétante. Maria avait transmis plusieurs fois à la princesse tout le plaisir que j'éprouvais à la recevoir, et l'espoir que j'avais de la voir bientôt, elle et son peuple, délivrée des difficultés du moment, pour jouir d'un bonheur à jamais durable. A quoi la princesse avait répondu « que son cœur était réjoui d'avoir pris son chemin et dirigé ses pas du côté de la colline qui conduisait à ma demeure, et que, même après avoir descendu ce chemin, elle se souviendrait éternellement de la dame blanche ». C'était une pure figure de mots, car, vu mon habitude de vivre sous la véranda et de courir après les enfants, vu ma vie générale de bohémienne, Mayikali n'est pas sensiblement plus brune que moi. Pendant ces discours, la petite demoiselle d'honneur était assise à deux pas, fort agitée, et grignotant un gros morceau de gâteau, ses grands yeux braqués sur ma gouvernante anglaise. Elle rompit tout à coup le silence, en demandant d'une voix étrangement distincte, « si l'autre femme blanche n'était pas une autre épouse, ou une femme en tenant lieu? » Cette question fit pousser à Maria de grands éclats de rire, qui couvrirent la pauvre Nanna d'une telle confusion que pour y faire diversion, j'allai prendre le premier cadeau que je voulais faire à la princesse : c'était une grande croix en cristal, et une paire de boucles d'oreille. Je lui expliquai, en lui offrant ces ornements, que je savais qu'elle s'était défaite de tout ce qu'elle possédait en ce genre pour secourir la misère de son peuple. La croix était suspendue à un beau ruban rouge que je nouai autour de son cou. Tous ses compagnons se dressèrent alors sur leurs pieds, et crièrent. « Hourrah! pour la femme du chef! » Mais, hélas! certain mendiant de profession s'était joint à la compagnie, et jugeant l'occasion trop belle pour être perdue, il prit Maria à part, et lui fit entendre que la dame blanche étant évidemment énormément riche, il ne serait pas mauvais de lui faire observer que la princesse n'avait sur le corps que des peaux de bêtes, et souffrait beaucoup du froid.

Elle portait en effet une jupe courte en peau de lynx, et sur les épaules une couverture à raies de couleurs vives, dont les plis descendaient avec grâce presque sur ses pieds. Il ajouta qu'on ne vit jamais personne si ennuyeuse; car, ne consentant jamais à rien demander, dès lors que pouvait-elle obtenir? Que si elle avait tant de répugnance à solliciter pour elle-même, au moins pouvait-elle demander quelque chose pour eux. Quant à lui, un vieil habit, un vieux chapeau ferait son affaire, en y ajoutant quelque monnaie. Mayikali, qui l'entendit, tourna sur lui des yeux foudroyants. Elle lui enjoignit de taire sa langue et lui demanda sévèrement si c'était la bonne manière de reconnaître une bonté que de réclamer davantage.

L'insinuation du mendiant eut cependant pour effet d'attirer mon attention sur le maigre costume de la princesse (j'ai déjà dit que la soirée était des plus froides) et sur les frissonnements marqués et continuels de la fille d'honneur. Nous courûmes à nos armoires, la gouvernante et moi, et après les avoir bien fouillées, nous revînmes apportant une jupe tricotée bien chaude, un châle et deux costumes de bain en laine. L'un était tout neuf, en flanelle rouge, et amplement garni de soutache blanche ; il devint naturellement le lot de la princesse. Elle se retira avec sa suivante dans la chambre de Maria pour s'habiller, non sans trouver de grandes difficultés à entrer dans le costume de bain, et en s'émerveillant de la façon dont les dames blanches composent leurs vêtements. Je la ramenai ensuite aux hommes de sa garde, qui saluèrent les perfectionnements de son costume avec de longs cris de joie. Elle prit congé avec des protestations répétées de gratitude, aussi simples que gracieuses ; mais, je l'avoue, j'éprouvai un serrement de cœur, quand elle me dit avec un soupir : — « Ah ! si toutes les Inkosa-casa étaient comme vous aussi bonnes pour les femmes cafres ! » Je ne pouvais m'empêcher de penser combien en réalité j'avais fait peu de chose, et combien davantage nous pourrions faire, tous réunis. Par manière d'amusement, je montrai à Mayikali quelques grandes photographies de la reine et de la famille royale, en lui expliquant avec soin quelle était la qualité de chacun. Elle considéra très attentivement le portrait de S. M., puis le passa aux gens de sa suite, qui se levèrent spontanément en le saluant du cri royal : « Bayete ! » Quand elle me l'eut rendu, elle ajouta d'un air pensif : — « Je suis heureuse de voir à la grande souveraine des blancs un visage si bon. Je n'aurais pas peur du tout d'aller lui conter quelques-unes de mes peines. Je suis sûre que c'est une dame aimable et compatissante. » Mayikali admira particulièrement et beaucoup le portrait de la princesse de Galles, et le contempla fort longtemps. Mais, je suis fâchée de le dire, les hommes de sa suite persistèrent à déclarer qu'elle n'était qu'une jolie jeune femme, et réservèrent tous leurs grognements et autres marques de respectueuse admiration pour un portrait du duc de Cambridge, en grand uniforme : — « Oh ! c'est le grand Inkosi des batailles ! Voyez son épée, et ces plumes sur ce beau chapeau ! Comme les cœurs de ses ennemis doivent trembler devant sa belle et terrible face ! » Chose singulière ! devant chaque portrait, ils avaient toujours à faire quelque fine remarque, notant les ressemblances de famille avec beaucoup de justesse, s'informant en détail du degré de parenté, de la loi de succession, etc. Ils prirent un intérêt particulier à savoir que le prince de Galles avait le projet de se rendre dans l'Inde, et ils exprimèrent aussitôt le vœu que S. A. R. voulût bien s'arrêter ici pour chasser le buffle et l'antilope du Sud.

LETTRE XI.

Une noce de Cafres civilisés. — Visite au kraal de Mazimbulu. — Madame Mazimbulu. — La maison en zinc. — Histoire amusante d'un petit bœuf noir.

Maritzbourg, 3 juillet.

J'aurais bien à vous raconter une excursion faite en famille à la seconde chute de l'Umgeni, suivie d'un dîner sur l'herbe à la façon des cockneys de Londres. J'avais imaginé cette expédition pour distraire Frédérick pendant le congé du lundi de la Pentecôte, car il déclarait longtemps d'avance ne savoir que devenir, et maudissait de tout son cœur l'invention des congés. Mais, outre l'inconvénient de me répéter dans mes descriptions, je courrais le risque de vous ennuyer. Vous préférerez sans doute avoir des détails sur la manière dont se célèbrent les mariages au pays des Cafres.

Par le plus singulier des hasards, il m'a été

donné d'assister à deux de leurs noces, dans l'intervalle d'un ou deux jours. Les deux extrêmes du genre, la barbarie la plus grossière, les derniers raffinements de la civilisation, ont passé sous mes yeux, comme on voit les choses dans un rêve : et ce qui ajoutait à mes étonnements, c'est que la noce civilisée, celle où j'assistai la première, était la noce de gens dont les mères avaient été payées un certain nombre de vaches, et dont les rites du mariage avaient été probablement célébrés avec le bâton ; car, nos jeunes mariés Cafres n'entendent guère la galanterie, et se hâtent ordinairement de terminer le roman des amours par des coups de poing.

Donc, j'étais descendue en ville par une de nos belles matinées d'hiver, quand j'aperçus une foule rangée autour du porche de l'église principale. — Qu'y a-t-il donc? demandai-je naturellement. Et j'appris dans un mauvais anglais, saupoudré de mots cafres et hollandais, qu'il y avait un « untyado » ou un « bruit-lag », c'est-à-dire une noce. A peine étais-je parvenue à saisir la signification de ces mots, qu'on vit la noce et les assistants sortir de l'église, se former en bon ordre par couples de deux et défiler dans la rue, au milieu des flots d'une épaisse poussière. Ils étaient accompagnés d'une foule de gens de leur connaissance, et par une plus grande quantité de curieux plus ou moins moqueurs. Mais rien n'égalait la gravité et la bonne tenue de la mariée et de son conjoint, qui marchaient en tête de la bande avec une expression de parfaite satisfaction sur leur visage. Les uniformes avaient été sévèrement défendus. L'époux et ses amis du sexe masculin avaient dépouillé en l'honneur de la circonstance leurs diverses sortes d'habits rouges, pour revêtir des *complets* en tweed pris au magasin de confections, qui leur donnaient la plus drôle tournure qu'on pût imaginer. Leurs pieds étaient aussi chaussés de bottines pour leur plus grand supplice, et sur la touffe laineuse de leur caboche artistement étagée, se balançaient de légers chapeaux blancs. Les messieurs, en général, je suis fâchée de le dire, avaient l'air de « Christy-Minstrels » (1), mais cet inconvénient était largement compensé par l'attitude des dames.

(1) Musiciens ambulants qui s'arrêtent dans les carrefours

J'aurais voulu que vous fussiez témoin de l'aisance, de la grâce parfaite de la mariée, s'avançant posément avec sa longue jupe blanche qui traînait derrière elle dans la poussière, avec son voile de dentelle jeté sur une branche de fleurs d'oranger et pendant jusqu'à terre. Il était difficile de croire que, peu de temps auparavant, elle portait probablement pour tout vêtement un sac, ou une pièce de grosse toile de Guinée. Elle disposait les plis de son costume d'un blanc de neige, et fait à la dernière mode, comme si elle avait mis des robes longues toute sa vie, et portait la tête comme si elle n'avait jamais connu l'argile rouge, ou le poids d'une corbeille de maïs. Je ne pouvais pas bien distinguer ses traits, mais son visage, son cou, ses bras, étaient d'un noir de jais, et ressortaient en plein relief sur le fond blanc des ruches et des falbalas de la mousseline. Ajoutez parmi ces falbalas plusieurs mètres de rubans de satin, et une profusion de fleurs artificielles : le tout absolument blanc, même les souliers. Je

---

de Londres pour jouer de leurs instruments, ordinairement composés de clarinettes et de trombones. Pour attirer la foule, ils portent de vieilles défroques de marquis, d'*incroyables*, etc.

ne répondrais point qu'elle n'eût pas oublié les bas ! Le couple principal était immédiatement suivi d'une demi-douzaine de noires demoiselles également vêtues de robes blanches, assez singulièrement garnies de rubans bleus. Chaque demoiselle était accompagnée d'un garçon d'honneur. Le commun des invités, en vêtements de coton, et en habits rapiécés, suivait en fermant le cortège. Chacun paraissait absolument enchanté de lui-même ou d'elle-même; mais je les perdis de vue dans le nuage obligé de poussière, qui s'élève à la moindre occasion à cette époque de l'année. C'était, je vous assure, un grand événement à Maritzbourg, que ce premier mariage *comme il faut* parmi les Cafres. J'espère seulement que toutes les formalités de la loi auront été observées, et que l'époux ne se croira pas libre, quelque beau jour, d'amener une autre femme à la maison, ce qui serait pour chagriner cette belle élégante. Les lois qui régissent le mariage des Cafres sont dans un étrange état, et présentent les plus grandes difficultés quand il s'agit de greffer des formes civilisées sur les coutumes de la plus affreuse barbarie.

Malgré l'aspect rassurant de ces deux époux, malgré l'heureux présage offert par cette singerie de nos usages, en dépit d'une foule de considérations de cette nature qui devraient avoir du poids à mes yeux, et qui n'en ont aucun, je crains d'avoir pris un intérêt beaucoup plus réel à un vrai mariage cafre, dont j'eus occasion de voir les préliminaires deux jours après cette procession de gala, en mousseline blanche et en tweed grise. — J'étais à travailler après déjeuner sous la véranda, car vous saurez qu'il fait tellement froid dans la maison que nous passons dehors la moitié de la journée, exposés comme des lézards à la douce chaleur du soleil : j'entendis tout à coup un murmure lointain, au delà de notre barrière gazonnée, dans la direction d'un chemin qui conduit à des collines dans les plis desquelles sont commodément nichés un certain nombre de kraals. Je compris qu'il devait se passer quelque chose d'extraordinaire en voyant tous nos Cafres accourir dans un état de grande surexcitation, et s'engager mutuellement à se dépêcher. Georges lui-même interrompit les funérailles d'un oiseau meurtri par un chat, qui l'occupaient fort sérieusement, et s'élança vers la porte en me criant de venir voir. Étant naturellement disposée à saisir toute occasion qui me dérobe à une occupation sérieuse, je m'empare du bébé qui était dans la joie de farfouiller au soleil dans la poussière, j'appelle Maria, pour le cas où il y aurait quelques explications à donner, et je cours aussi vers la porte. Mais il n'y avait rien à voir, sauf un nuage de poussière à quelque distance. On entendait seulement un chant monotone, mêlé à de sourds grognements, qui se rapprochait de plus en plus, accompagné d'un battement de pieds nus, pressés, rapides, se démenant sur la poussière qui couvrait le chemin. Tous mes gens avaient grimpé sur la barrière, et de rire, et de crier, à grand renfort de gestes. Tom brandissait la grande cuillère de bois avec laquelle il sonde perpétuellement son écuelle de maïs.

— Qu'y a-t-il, Maria? demandai-je. Maria secoua la tête, et prenant un air solennel, — Je ne sais pas, Madame, répond-elle. Mais, pendant cette réponse même, une large grimace partage son visage en deux, ses admirables dents se déploient d'une oreille à l'autre, et elle ajoute, d'un air à moitié dédaigneux : — Ce n'est qu'une noce de Cafres sauvages. Voici les guerriers : c'est là ce qu'ils font, quand ils n'ont rien de mieux à faire.

Il est évident que Maria accorde ses préférences à la longue robe de mousseline blanche des Cafres civilisées, que je lui ai minutieusement décrite, et elle détourne les yeux avec mépris. — Oui, les voilà qui arrivent. En tête s'avance une troupe de guerriers d'élite, habillés de peaux, avec d'immenses panaches sur la tête. Leur corps souple et musculeux reluit comme de l'ébène. Ils défilent rapidement devant moi, non toutefois si rapidement qu'ils ne trouvent le temps de me faire une politesse en frappant de leurs lances sur leurs boucliers, avec un grand cri de : « Inkosi! » Ce salut, le bébé le prend uniquement pour lui-même, et y répond avec beaucoup d'onction et de gravité. Ceci est l'avant-garde, la fleur de la chevalerie cafre. Elle sert d'escorte à la fille d'un de leurs chefs qui se rend à sa nouvelle demeure, dans un kraal situé sur la croupe d'une des collines opposées. Ils se font un point d'honneur de marcher le plus vite possible, car ils sont comme *le premier rameur*, et donnent le mouvement à tous les autres. Après eux viennent les parents de la mariée du sexe masculin, foule bigarrée qui n'a rien du style et de la contenance des guerriers. Leur accoutrement était un misérable mélange de nudité et de vêtements; et ils trottaient tout essoufflés, les uns avec un sac sur les épaules, d'autres en vieilles tuniques bleues ou rouges, sans rien de plus, quelques-uns ne portant que deux tabliers. Mais tous étaient munis de leurs tabatières placées dans le bout de l'oreille : tabatières fabriquées avec toute espèce de matériaux, roseaux creux, cowries (1), dents de chat-tigre, vieux canons de cartouches, coques de glands, peaux de chrysalides de gros papillons, en un mot, de tous les objets dont ils peuvent tirer parti.

Marchait ensuite en bon ordre un corps de gens d'apparence plus respectable ayant tous des anneaux à la tête, ce qui est chez les Cafres la marque distinctive de l'honorabilité.

(1) Petit coquillage employé comme monnaie sur la côte de Guinée et même dans l'Inde.

Leurs jambes sont nues, et ils sont drapés dans des tapis ou des couvertures à couleurs vives. Ils passent en courant, et ils saluent aussi de la main droite, en criant : « Inkosi! » Mais ils sont surtout occupés du soin de presser le pas de la mariée, qui est placée au milieu d'eux. Pauvre créature! Elle a encore à faire cinq ou six milles, et paraît prête à s'affaisser; mais on ne paraît pas tenir compte de sa fatigue, et je note qu'elle ne perd jamais de vue les bâtons qui font le moulinet au-dessus de sa tête. C'est une grande et belle fille, d'aspect agréable, malgré son air surmené, harassé. Elle porte uniquement une grande pièce d'étoffe brune et grossière, gracieusement et décemment drapée autour de son corps, en laissant à découvert ses jambes droites et bien faites, pour faciliter la course. Elle porte aussi au bras droit un petit bouclier en peau de bœuf, mi-parti de brun et de blanc. Son front et ses joues sont barbouillés d'argile rouge, et elle a les cheveux teints de la même couleur. Ses regards s'arrêtent, il me semble, sur Maria, qui est debout à côté de moi, très bien vêtue, avec sa grosse face réjouie. — Les filles cafres redoutent le mariage, qui se réduit pour elles à un emploi pénible sans être accompagné de gages. L'amour entre rarement pour quelque chose dans leurs unions, quoique les seuls cas de meurtre dont j'aie ouï parler fussent les effets de l'amour ou de la jalousie. Cela m'a toujours semblé singulier, car la jeune fille cafre ne paraît aucunement portée à l'un ou à l'autre. Je dis quelquefois à Maria : — « Vous aurez peut-être envie de vous marier quelque jour, Maria, et alors vous me quitterez. » Elle secoue alors vivement la tête, et répond : « Non, non ; il ne m'arrivera jamais de faire cela. J'aurais à prendre bien plus de peine, et personne n'aurait d'égards pour moi. »

Maria jette aussi des regards de compassion sur sa sœur sauvage, quand elle passe en courant, et murmure : « Malia n'aimerait pas avoir à courir aussi vite que cela. » A vrai dire, elle n'est pas en condition pour une course au petit galop à travers les collines, car elle fait éclater toutes ses robes, tout en devenant grande et bien faite. — Il n'y avait pas d'autre femme dans cette cavalcade de noces, que terminait la canaille des enfants et des jeunes garçons, défilant en désordre avec accompagnement de grognements.

Je n'avais cessé depuis mon arrivée de vouloir visiter un véritable kraal de Cafres, mais la difficulté était d'en trouver qui conservât les caractères de l'ancien temps. Il y en a un grand nombre autour de Maritzbourg, mais ce sont de pauvres choses dégénérées, les demeures des Cafres de la dernière classe, c'est-à-dire de sauvages de la pire espèce, dans cet état de transition où l'individu n'est ni une chose, ni une autre, et où il n'a pris de la civilisation que les vices. Les kraals de cette espèce ne donneraient qu'une fausse idée d'un véritable village cafre; ils consistent en une demi-douzaine de misérables cabanes malpropres, dont les habitants vous demanderont probablement la charité. Je n'ai pas cessé de m'informer de l'endroit où je trouverais un kraal vraiment respectable, et j'ai fini par en trouver un, situé à huit milles d'ici, que « l'induna » ou chef maintient dans un état vraiment respectable.

Nous partîmes donc, à une heure avancée de l'après-midi. La chaleur était intense. La route serpentait à travers monts et vallées. Ce n'est qu'après avoir atteint le sommet de chaque colline que nous respirons un peu d'air frais. Après la première montée, nous perdons de vue Maritzbourg et ses rues plantées d'arbres. A partir de la prochaine colline, nous n'apercevons plus que les rangées d'habitations qui s'élèvent en cercle autour de la petite ville ancienne. Chaque mamelon porte deux ou trois de ces villas des faubourgs cachées dans un massif de l'inévitable arbre à gomme. Ne le méprisez pas toutefois, à cet affreux moment de l'année, quoiqu'il soit absolument semblable à ces arbres de bois, tous du même modèle, ornements du *village* qui nous servait de jouet aux jours de notre enfance. Oui, c'est avec aussi peu de grâce et de beauté que croît l'arbre à gomme, mais il est de tous nos biens le plus précieux; il opère parfaitement le drainage des sols marécageux, il absorbe gentiment les vapeurs malfaisantes qu'exhale l'argile, sans compter qu'il est un excellent conducteur de la foudre. Au milieu de ces arbres dont on médit sans cesse sans pouvoir s'en passer, apparaît tout à coup un pignon. C'est évidemment une habitation confortable et en progrès.

Cependant mon guide et excellent ami retient tout à coup les rênes, et une grande perplexité se peint sur son visage. — Oh! la belle vue, m'écriai-je avec transport! C'était un immense panorama de hautes montagnes, de profondes vallées, au milieu desquelles le grand Umgeni, sans souci d'une longue sécheresse, promenait lentement ses eaux argentées. Je laisse flotter les rênes sur le cou de mon vieux cheval, heureuse de contempler de tous mes yeux cette belle scène sur laquelle ne vont pas tarder à s'étendre les ombres du soir. — Fort bien, répond mon compagnon, d'une voix quelque peu troublée, mais ne voyez-vous pas avec quelle rapidité descend le soleil derrière cette colline, et où est le kraal? C'est exactement ici sa place, si j'en crois les renseignements de Mazimbulu. Cependant je n'en vois pas la moindre trace. Et vous?

Il est clair que si les yeux, accoutumés dès l'enfance à parcourir tous les coins et recoins de ces collines, ne pouvaient savoir où était caché le kraal, il y avait peu de chance pour que je pusse le découvrir. Cependant mon guide demeurait complètement en défaut, et regardait anxieusement de tous côtés, comme un *pointer* qui a perdu la voie. L'étroit sentier que nous avions devant nous pénétrait droit dans l'intérieur pendant l'espace de deux cents milles, et dans le vaste panorama qui s'étendait à nos pieds, ni parole, ni voix de créature vivante ne parvenait à nos oreilles tendues. Le silence était complet, absolu.

— Je n'ose pas vous mener plus loin, me dit M. Y.....; il se fait maintenant beaucoup trop tard; mais il est singulièrement agaçant d'avoir fait tout ce chemin pour ne pas trouver le kraal. J'essayais en vain de le réconforter, en l'assurant que j'avais fait une course des plus agréables, égayée par des histoires de chasse, de l'époque où la main de l'Européen ne quittait la poignée de son fusil, ni jour, ni nuit. Nous étions venus pour voir un kraal, et il était clair que l'expédition était manquée si nous ne parvenions à le trouver.

Cependant le soleil semblait terriblement pressé de se cacher derrière la haute colline d'en face, et j'étais obligée d'avouer moi-même qu'il était impossible d'aller plus loin. A ce moment désespéré, nous vîmes émerger, au-dessus de la berge d'un profond ravin creusé devant nous, deux femmes cafres. Elles portaient sur la tête un gros fagot de bois sec, et marchaient d'un pas rapide, comme pressées de rentrer au logis. Mon compagnon parle aussi couramment la langue cafre que l'anglais. Il n'eut pas de peine à trouver de bonnes paroles accompagnées d'un agréable sourire, pour leur demander le chemin qui conduisait au kraal de Mazimbulu, — « O grand chef, répondirent tout d'une voix les deux femmes, nous nous y rendons en ce moment. » Et conformément aux règles de la politesse sauvage, elles ne marquèrent aucune surprise, de ce que nous pussions avoir à faire si tard à leur kraal. Nous pouvions à peine distinguer un tout petit sentier sur notre droite, parmi les herbes brûlées. Les deux femmes s'y engagèrent sans hésiter, et nous les suivîmes de notre mieux.

A la distance d'environ trois cents mètres, dans une sorte de bassin naturel creusé sur la pente d'une colline, était niché le kraal, assez silencieux à cette heure, car à l'exception des petits enfants et des vieillards, tout le monde était absent. Les femmes étaient allées comme nos guides, ramasser du bois sec ; les jeunes gens et les enfants les plus grands n'étaient pas rentrés de la ville, où ils étaient allés vendre de la volaille et des œufs ; d'autres étaient encore occupés chez le fermier dont on voyait l'habitation à un ou deux milles. Une centaine de chèvres au moins bondissaient sur le flanc de la colline que nous venions de descendre : chèvres qui avaient dû s'avancer jusqu'au bord de l'escarpement de rochers qui avait arrêté nos chevaux, sans qu'un bêlement, une tête avancée par curiosité, eût trahi leur présence. Au centre de l'excavation s'élevait une grande et haute barrière de claies, formant un enclos pour loger le bétail pendant la nuit : dernier témoignage de la coutume des temps où les troupeaux des Cafres étaient ravagés par les bêtes sauvages, ou par des voisins plus sauvages encore. Un tout petit coin de cet enclos servait d'étable à un porc énorme et galeux ; cette maigre et hideuse bête était la curiosité du kraal, et c'est la première chose que Mazimbulu crut devoir signaler à mon attention. Il va de soi que l'« induna » était au logis ; à quoi servirait-il d'être un induna, s'il fallait se donner de la peine? Il s'empressa de venir nous recevoir, et fit les honneurs de son kraal très complètement et avec beaucoup de grâce et de dignité. M. Y..... lui expliqua que j'étais la femme d'un autre Inkosi, et que j'étais consumée du désir de voir de mes propres yeux un véritable kraal. Ces explications furent données du ton le plus aimable, avec un compliment particulier relatif au kraal du chef.

Mazimbulu était un homme d'un certain âge, très grand, très fort, orné d'un cercle de laiton, cela va sans dire, et drapé dans une grande couverture à couleurs éclatantes. Il me regarda d'un air moitié surprise, moitié dédain, me salua cependant, comme manière de dissimuler son étonnement, et dit sur le ton de la prière :

O chef, la femme du chef est la bienvenue ; mais quel étrange monde que ces blancs ! Tout ce qu'ils peuvent désirer, ils le possèdent ; ils ont à leur disposition tout ce qu'il y a de bon et de beau, et cependant ils peuvent trouver du plaisir à venir voir comment nous vivons. Oui, chef, vous le savez, leurs chevaux et leurs chiens sont mieux logés que nous pour passer la nuit ; tout est également extraordinaire ;

mais la femme du chef peut être sûre que nous la verrons avec plaisir, sans nous occuper du motif qui l'amène.

Il n'y avait pas grand'chose à voir, après tout. Une vingtaine de huttes, grandes, confortables, toutes ayant la forme d'une ruche d'abeilles, étaient rangées en cercle, la plus grande au milieu. Celle-ci appartenait à Mazimbulu. Devant la porte, à genoux et assise sur ses talons, se tenait sa nouvelle épouse, occupée à couper de la citrouille en petits morceaux pour en faire une espèce de soupe, ou comme elle disait, du « scoff ». La jeune Mrs Mazimbulu était la plus jolie et la plus maussade femme cafre que j'eusse encore vue. Elle était fort parée de colliers et de bracelets; ses cheveux étaient bien arrangés, et soigneusement teints en rouge; sa couverture et sa jupe étaient hautes en couleur, chaudes et neuves; et cependant elle représentait l'image parfaite de la mauvaise humeur, — à voir l'étrange façon dont elle coupait sa citrouille; et en jetait les morceaux dans un grand pot. Elle ne put réprimer un coup d'œil moqueur à l'adresse de son mari, quand celui-ci m'invita à entrer dans sa hutte, ajoutant qu'il avait été si heureux dans la personne de ses femmes, que je la trouverais un modèle de propreté. Rien ne put la dérider; elle refusa de me parler, de m'adresser le « saka-bono » ou quoi que ce fût. Je ne vis jamais plus désagréable créature, et me demandais si le pauvre Mazimbulu ne devait pas avoir trouvé plus que son compte dans sa dernière acquisition. Je dois dire qu'il avait l'air très capable de ne pas s'abandonner lui-même, et que sa main n'avait rien perdu de son ancienne dextérité à donner sur les oreilles d'une fiancée tant soit peu revêche. En effet, la dame en question me paraissait fort attentive à calculer le degré auquel pouvait être porté sa mauvaise humeur.

Quel contraste entre la santé de ces formes vigoureuses, et l'aspect d'une frêle et maladive jeune fille, qui se traîna hors d'une hutte voisine pour contempler le spectacle merveilleux d'une « Inkosa-casa. » Cette pauvre créature était visiblement affligée d'un rhumatisme articulaire. Elle écarta son kilt en peau de lynx, et me montrant son genou terriblement enflé, elle ajouta en langue cafre d'une voix plaintive : « Je vois bien que je suis destinée à souffrir toute ma vie. » A mes pressantes questions Mazimbulu répondit que tout le monde était très bon pour elle, et il me donna sa parole qu'un shelling que je lui mis dans la main demeurerait sa propriété pour acheter un collier ou des médicaments, à son choix. Il me parut enchanté de recevoir lui-même une autre pièce de monnaie pour avoir du tabac à priser. On voyait peu de petits enfants, trois ou quatre misérables et chétives créatures, sales, les yeux malades, des croûtes sur la peau. En revanche, le jeune garçon qui tenait nos chevaux aurait pu poser comme modèle pour un Apollon de bronze. Grand, droit, ses membres bien proportionnés se dessinaient harmonieusement sur un corps agile et vigoureux. Lui aussi, dans un transport de reconnaissance cria « Inkosacasa ! » en recevant une pièce de douze sous, et s'engagea à me porter de la volaille à acheter, quand les petits poulets qui couraient çà et là seraient devenus grands.

La hutte de Mazimbulu contenait peu de choses, si vous exceptez un ou deux escabeaux, quelques peaux et nattes pour se coucher, un monceau de cosses de maïs pour activer le feu, son bouclier, et un faisceau de zagaies et de « knock-kerries ». Un enclos plus petit, fermé de claies, renfermait une grande quantité de maïs, et un autre était rempli d'un tas de magnifiques citrouilles. Exactement au sommet de la hutte se trouvait un véritable magasin de curiosité composé de charmes contre la foudre : de vieilles pointes de lance, des coquillages, la poignée d'une cruche de porcelaine, la partie colorée de quelque jouet d'enfant. Tout ce qui est pour eux mystérieux ou inconnu devient nécessairement un charme contre la foudre. Ils n'accepteraient pas plus de se servir de conducteurs de l'électricité, que la proposition de voler dans les airs, et ils déclarent d'un air de triomphe que nos maisons, malgré tout l'appareil de leurs fils de fer, sont plus souvent frappées de la foudre que leurs huttes. Mazimbulu fut même véritablement pathétique, au sujet des risques que me faisaient courir mes préjugés à l'égard de ses préservatifs, et m'insinua que je finirais mal quelque jour à cause de cela.

Notre visite au kraal avait duré une demi-heure. Dans l'intervalle, le soleil avait atteint le rideau des collines de l'ouest, et disparaissait derrière elles, sans laisser la moindre trace de crépuscule dans le ciel. Quiconque n'en a pas fait l'expérience, ne saurait imaginer la rapidité avec laquelle change la température. Tout le temps qu'avait brillé l'astre du jour il faisait très chaud : une demi-heure après, il faisait froid, très froid. Nous ne pouvions aller bien vite sur la pente du roc, mais aussitôt que le permettait la nature du terrain, nous prenions le petit galop, autant pour nous réchauffer que pour regagner promptement le logis. La lune nouvelle nous donnait assez de clarté pour ne pas nous égarer. Mais je ne crois pas avoir eu de ma vie aussi froid, que quand nous arrivâmes chez moi, vers six heures et demie. Un bon feu de bois dans le petit salon, le seul qui ait une cheminée, nous parut délicieux, délicieuse aussi une tasse de thé, si chaud qu'il était presque bouillant. On me dit que j'avais le visage tout bleu, et je confesse que je vins plus près de comprendre dans cette soirée ce que signifie un froid mortel, que dans aucune autre circonstance de ma vie. Le mal vient moins toutefois de l'abaissement de la température que de la réaction produite par l'extrême chaleur du jour, et de l'impossibilité de se charger de vêtements de surcroît.

Le 10 juillet.

J'eus l'autre jour la fantaisie de voir notre marché. En conséquence, je fis le ménage de très bonne heure, je déjeunai en courant, et j'arrivai en voiture à neuf heures sur la place, exactement à l'heure où le marché commence. Tout s'y vend à l'encan, et avec une rapidité qui me parut phénoménale. J'avais jeté mon dévolu sur de belles pommes de terre, à quelques mètres de l'endroit où le préposé vendait ainsi à toute vitesse des chariots chargés de fourrage vert. J'entends bien résonner distinctement à mes oreilles : « A deux sous et demi! — A six sous! — Merci, adjugé, » et j'avais fini par arrêter dans ma pensée la personne que je chargerais du soin d'acheter pour moi (car il s'en trouvait là un grand nombre), mais l'enchère fiévreuse envahit mes pommes de terre comme la vague montante. Je les croyais à moi, elles étaient déjà parties. J'entrai dans la halle pour examiner les fruits et légumes, le beurre et les œufs, joliment étalés à découvert sur les tables. Il y avait fort peu de volaille. L'enchère commence, et une paire de canards vers lesquels je me sentais attirée est aussitôt enlevée au prix de six shellings et six deniers chacun.

On pouvait se faire une idée de l'état de disette chronique dans lequel se trouve même une ville aussi petite que Maritzbourg, — à voir la rapidité avec laquelle furent balayés tous les articles, morts ou vivants, dix minutes après l'entrée du préposé dans le marché. Je suis persuadée qu'on aurait enlevé avec la même vitesse une quantité triple de tous ces singuliers objets qu'on voyait là gisants pêle-mêle : lard, fromage, miel, citrouilles, etc. En moins d'une demi-heure, le marché était libre, et l'affamée Maritzbourg avait absorbé tout ce qu'elle avait pu se procurer en ce jour.

Maintenant que je n'ai plus à m'occuper de provisions, je puis m'amuser, considérer le spectacle que j'ai sous les yeux. Rien n'est plus original ni plus pittoresque. En réalité, l'effet doit en être charmant en été, sous la double rangée d'acacias alors frais et verts, au lieu d'être comme en ce moment, dépouillés de leurs feuilles, et couverts de poussière. Ici, la drôle de petite église hollandaise, avec son énorme girouette, brillant dans sa grandeur disproportionnée, aux rayons du soleil. Là, les attelages de bœufs patients qui reprennent leur marche lente et tranquille, à travers la poussière, traînant des chars de fourrage ou de bois, qui seront déchargés à leurs différentes destinations. Plus loin, mêlés dans une cohue hétérogène et confuse, Cafres et Coolies, Anglais et Hollandais, les uns avec des paniers, les autres avec des volailles pendues la tête en bas, ou avec des caisses d'œufs portées avec précaution. Le marché couvert et son voisinage immédiat sont complètement abandonnés, mais la foule s'assemble un peu plus loin, en plein air, sous les acacias, où l'encan se tient une fois par semaine, à l'ancienne mode. Un Cafre athlétique se promène, d'un air indifférent, en agitant une grosse cloche, et le commissaire-priseur, monté sur une table, opère ce qu'il appelle une vente de nettoyage,

qui semble composée de toutes les vieilles
guenilles de la ville : principalement de fournitures militaires hors d'usage, tentes, tuniques, etc. Il y a aussi des pianos qui, depuis
des années, ne rendent plus de sons, des porcelaines fêlées, des chaises cassées, des crinolines, des violons, des bouilloires, des peintures
effacées sous des verres salis par les mouches,
des bouteilles vides, de vieux paniers. Tout
cela est vendu, adjugé sous mes yeux, pour
se disperser dans toute la ville, chez d'autres
propriétaires.

Je passe tous les jours devant la demeure
d'une famille ingénieuse, quoique d'humble
condition. Ce logis tout entier est fabriqué
uniquement avec ces feuilles de zinc dont
sont doublées les caisses qui viennent d'Angleterre, et assemblées de la plus étrange
façon. Toit, murailles, plancher, tout est en
zinc. On ne voit ni porte, ni fenêtre donnant
sur la route, en sorte que je ne puis dire comment on entre dans la maison, et comment on
en sort; mais je me figure les craquements de
ce réduit par un de nos grands coups de vent.
Je n'ai pu encore m'expliquer par quelle loi

de gravitation mystérieuse il reste fixé au sol, ni comment les parois peuvent se maintenir d'aplomb. Le propriétaire de cette bicoque est un Coolie que j'ai rencontré à l'encan. Il avait même grande envie d'acheter le piano qu'il prenait pour un de ces bois de lit qui se plient et se déplient à volonté! Cette maison de zinc m'a toujours paru si curieuse, que je n'ai pu résister à l'envie de vous la décrire.

Mais, voilà le soleil qui est déjà haut sur l'horizon. Il est dix heures passées. C'est le moment de rentrer au logis pour toute maîtresse de maison, et le marché aux vieilleries finit comme on enlève un décor de théâtre.

Depuis le commencement de cette lettre, je n'ai cessé d'éprouver le besoin de vous parler d'un visiteur phénoménal que j'ai reçu l'autre jour, et ma petite histoire s'est presque évanouie, au milieu d'une foule d'autres choses.

Un de ces matins, j'étais tout occupée à confectionner un nouveau surtout de coton pour Malia, car elle n'a pas d'autre couturière, et elle ne me laisse guère chômer. D'abord, ma jeune fille est en train de devenir un fort grenadier; en second lieu, elle ne perd pas une occasion de déchirer ses surtouts. — Je poussais donc ma couture assez vivement sur la machine à coudre que j'avais transportée sous la véranda, quand je sentis une ombre qui s'interposait entre moi et le soleil : — une toute petite ombre, et le corps de cette ombre était un petit vieux Hollandais, comme on n'en vit jamais. Ma première idée, je vous l'assure, fut que je devais être en présence d'un petit gnome, tant il ressemblait exactement à ces dessins que l'on trouve dans les contes de fées illustrés. Son long gilet en étoffe de perse à fleurs, son habit carré, ses souliers carrés, ses culottes courtes et larges, tout était conforme à la donnée convenue du lutin. Et sa figure ? J'étais trop stupéfaite pour rire ; mais le rire doit avoir été écrit sur mes traits. Jamais pomme ne fut plus rose, ni peau de serpent plus ridée. Ses yeux bleus et brillants comme l'acier me regardaient, abrités sous des sourcils épais, énormes ; son nez et son menton étaient absolument pareils à ceux de Polichinelle.

Que devait-il penser de moi ? Mes prunelles étaient rondes comme des boules de loto, et je soupçonne que ma bouche devait être large ouverte. Il fit une espèce de salut, et prononça quelques mots dans une langue bizarre, auxquels dans ma stupéfaction je répondis. « Ja, » c'est-à-dire le seul mot de hollandais que je connaisse. Cette réponse ambiguë encouragea mon étrange visiteur. Il s'assit sur les degrés en face de moi, ôta son chapeau, essuya ses longs et fins cheveux gris, et le voilà parti pour une longue histoire, accompagnée d'une pantomime expressive, — à laquelle je ne comprenais pas un mot, par la raison qu'elle était contée en haut hollandais. La belle situation ! seule avec un lutin auquel je venais de faire un plat mensonge ; car évidemment, sa première question, d'où je n'avais retenu qu'un seul mot « Hollands », n'avait d'autre but que de me demander si je comprenais sa langue, et je venais de répondre : « Oui, Ja. » C'était épouvantable. Dans ma détresse, je me rappelai avoir entendu dire à quelqu'un : « Nie, » et j'ajoutai même d'une voix mal assurée : « Stehts nie » (je ne comprends pas), expression que me suggéra aussi mon extrême embarras. Cette réponse contradictoire surprit mon vieux gentleman. Il fronça le sourcil : mais j'avais

entendu dire qu'avec les lutins il suffit de
n'avoir pas peur, et dessinant un sourire, je
lui dis de nouveau « Ja? » en forme de question.
Il secoua la tête d'un air désapprobateur, et
puis, comptant chaque mot sur ses doigts, s'arrêtant jusqu'à ce qu'il s'aperçût que j'avais
compris, — il réussit en mêlant le hollandais,
l'allemand et le cafre (sauf à retomber dans
le hollandais aux moments les plus intéressants), il réussit à me faire entendre qu'il était
à la recherche d'un petit bœuf noir. Ce qu'il
s'attacha surtout à me faire bien comprendre,
c'est qu'il était « schwartz » (noir) et que les
« pfennings » qu'il avait coûtés étaient nombreux. Ce bœuf paraît avoir été un vrai démon,
pour peu qu'il faille ajouter foi à son histoire.
Du moment que le petit bœuf noir avait changé
de maître (M. Schmidst, un inkosi), avaient
commencé les peines de mon vieux petit ami.
Dès le matin de bonne heure, ce bœuf partait.
Vainement on le remisait le soir dans les
kraals, vainement les Cafres allaient à sa recherche, il avait franchi la montagne et devait être très loin. — Lui-même était resté
trois jours, sans manger autre chose que du

maïs. C'était une longue histoire, dont le refrain était toujours : « Où donc ce petit bœuf, ce petit bœuf noir sera-t-il allé? » Pour être entièrement véridique, je dois mentionner qu'il dit même une fois : « Où diable ce petit bœuf sera-t-il allé? » mais j'en parus si choquée, qu'il ôta son chapeau pointu comme un clocher, par manière d'excuse.

Il fallait cependant en finir avec mon lutin. Mais que faire? En désespoir de cause je lui demandai : « Sprechen Sie Cafir? « (Entendez-vous le Cafre ?) Mais je n'en fus pas plus avancée. La figure de mon homme s'illumina soudain. Il recommença toute son histoire en langue cafre, et le mot « Inkomo » perçait autant de fois que primitivement le mot bœuf. Enfin je m'avisai qu'il pourrait causer de tout cela avec un de mes Cafres, puisqu'il comprenait leur langage. Nous aurions, je crois, employé toute la journée à ce baragouin inintelligible, si mon petit Georges ne s'était montré tout à coup, et n'avait pris l'affaire entre ses mains.

— Eh! petite mère, le drôle de petit vieux que voici! Où l'avez-vous trouvé? Que veut-il?

demanda Georges en ces termes sommaires en usage parmi les colons.

— Il s'agit, je crois, d'un petit bœuf noir, lui répondis-je avec hésitation.

— Ja wohl, c'est cela, un petit bœuf noir, mon ami.

Oh! très bien, s'écria Georges. — « Osa, » venez, mon vieux Monsieur. Il y a par ici un charmant petit bœuf noir. Je l'ai vu, car j'étais allé avec Jim à la recherche d'un serpent.

Le lutin fut sur pied en un moment; toutes ses rides étaient sur le qui-vive. — Merci, mon cher enfant. Tu es un bon petit garçon. — « Tous les jours de grand matin »... et il dévida de nouveau toute son histoire à Georges qui la comprenait mieux que moi, et qui me répéta de point en point les aventures du petit bœuf noir. Aux dernières nouvelles, l'animal franchissait la barrière de l'enclos avec la légèreté d'une gazelle, ayant trois Cafres et le lutin à ses trousses.

LETTRE XII.

Pénible sécheresse. — Les réguliers du fort Napier. — Le camp des volontaires de Durban.

Maritzbourg, 1ᵉʳ août.

Il n'est pas tombé une goutte d'eau depuis trois mois, et voilà le soleil dont les rayons s'abattent sur nous plus violents que jamais. La terre brûle les pieds à travers la semelle de nos chaussures; chaque grain de poussière est pareil à de la cendre chaude. Je suis toujours à courir dehors pour m'assurer si les chevaux, les poulets et tous nos animaux ont assez d'eau à boire. En dépit de mes soins, tous semblent passés à l'état d'altération permanente, car les Cafres sont trop indolents, trop paresseux, pour s'occuper de savoir si les réservoirs sont pleins, ou si un cheval rentre trop tard pour être mené avec les autres à la rivière. L'eau que je bois moi-même (et je ne bois pas autre chose) ferait tressaillir un inspecteur de la salubrité, même après avoir passé par deux filtres. Mais à combien d'épreuves n'est-elle pas soumise avant d'arriver à cet état de pureté relative! Il faut aller la puiser à la rivière à travers des flots de poussière : rivière qui se traîne lentement dans son lit de minerai. Si le Cafre laisse un instant son seau de côté, avant de le vider dans le premier grand filtre, le poney, qui est toujours à l'affût d'une bonne chance, plonge son nez dedans, avec un ronflement de satisfaction; les pigeons volent en cercle autour de la tête du serviteur, épiant le moment favorable pour prendre un bain ; et non seulement les chiens, mais les chats eux-mêmes s'empressent pour attraper quelques gouttes. C'est qu'elle est fraîche, cette eau, et moins imprégnée de poussière, que celle qui est dehors dans les terrines. Il n'y a nulle part de feuille assez large pour donner de l'ombre, et l'eau en plein air devient si chaude, qu'elle en est insupportable. Il va sans dire que c'est une saison exceptionnellement sèche. Toutes les températures, toutes les saisons par lesquelles je suis passée dans le cours de ma vie, se sont toujours trouvées, par hasard, différer de l'ordinaire.

10 août.

Lorsque cédant à ma mauvaise humeur augmentée par le vent chaud qui nous arrive des vastes déserts du nord-ouest, j'ai bien déblatéré contre ce climat, je sens ma conscience m'adresser de violents reproches, si le temps vient à changer tout à coup, et si nous avons des jours et des nuits véritablement délicieux. Exemples : je venais à peine de quitter la plume que tomba notre première pluie de printemps, tout doucement, il est vrai, et comme si les nuages avaient oublié de se résoudre en ondée. Cependant, la senteur de la terre mouillée était délicieuse. Depuis cette nuit d'orage, tout le pays a été de jour en jour en progrès. Sur le penchant dénudé des collines semble s'étendre une teinte d'un vert pâle, et bonheur des bonheurs! voici deux jours qu'il n'y a pas de poussière. Tout semble lavé et rafraîchi.

Je mis à profit la fraîcheur de ces premiers beaux jours de printemps pour exécuter un projet que j'avais formé depuis longtemps. De ma véranda je puis apercevoir à une cinquantaine de pieds d'élévation les blanches tentes, établies au-delà des noires murailles du fort Napier. Pour le moment, ce point à peine visible est le seul qui puisse nous protéger, du côté de la campagne, contre nos noirs et remuants voisins. Sur divers autres points du territoire de la ville sont disséminés des blockaus, c'est-à-dire des réduits percés de meurtrières, où peuvent être rassemblés les chariots, et où l'on pourrait se défendre contre une incursion soudaine des Cafres; mais ici, au siège du gouvernement, nous avons un bataillon anglais, fort d'environ mille hommes, et une place munie de fortifications régulières, garnies de quelques pièces de grosse artillerie. Vous savez depuis longtemps à quel point extraordinaire je pousse la naïveté : je puis donc vous avouer de suite que ce n'était pas le moins du monde pour m'assurer de la qualité des moyens de défense du fort Napier que je lui fis visite par cette belle matinée de printemps. Non : ma démarche avait un caractère purement domestique. Il s'agissait de voir de mes yeux ce qu'étaient certaines façons de huttes nouvelles à la manière des Cafres, et d'appliquer cette idée à la construction d'une chambre à part dans notre maison. Y eut-il jamais intention plus pacifique? Le casernement du fort n'est disposé que pour la moitié d'un régiment; l'autre moitié loge sous la tente, sur un assez grand espace de terrain. Quoique la santé de ces troupes ait été bonne pendant cet hiver, il n'eût pas été prudent de les laisser sous la tente pendant la saison d'été, avec ses alternatives de torrents de pluie et de soleil. C'est pourquoi on a employé des Cafres pendant la saison sèche à bâtir une centaine de leurs huttes sur un plan nouveau, et ces petits réduits sont maintenant tout disposés pour recevoir leurs hôtes, à raison de cinq hommes par hutte. Il y a une grande amélioration sur l'ancienne cabane cafre; et c'est la raison qui m'amenait pour les voir, sans compter cet autre motif assez séduisant, qu'elles ne coûtaient que quatre livres la pièce.

Nous sommes horriblement gênés ici par le défaut d'espace. Pour toute appropriation, nous n'avons construit qu'un cabinet de toilette en pierre de taille grand comme une cabine de navire pour être raccordé au reste du bâtiment. Il nous a coûté près de quatre-vingts livres; et je me disais depuis quelque temps que ce serait une belle chose d'élever une de ces fameuses huttes tout contre la maison, comme chambre de dégagement. La vraie hutte de Cafres, je l'ai répété souvent, est exactement semblable à une ruche d'abeilles, sans porte ni fenêtre, avec une petite ouverture pour y entrer et en sortir. Ces nouvelles huttes militaires ont une muraille circulaire de cinq pieds de haut, sur douze de large. Ces murailles sont formées de claies très serrées, et enduites d'argile au dedans et au dehors. Je m'amusai à regarder une équipe de Cafres qui étaient en train d'en bâtir une. Le procédé était simple et tout primitif. Quatre ou cinq Cafres gigantesques étaient assis tout auprès sur leurs talons, prisant du tabac et causant ensemble joyeusement, avec accompagnement de force gestes. C'était, je suppose, la troupe de réserve. Trois ou quatre autres étaient occupés tranquillement, tout à loisir, à piétiner l'argile qu'ils étendaient avec leurs mains sur les parois. Ils n'avaient pas l'ombre d'un outil quel qu'il fût, et cependant le résultat était merveilleux. De leurs mains sortait une chambre ronde, avec porte et fenêtre, spacieuse, fraîche, tout à fait confortable. Celles qui étaient achevées et garnies de planches et autres fournitures militaires, avaient le plus joli aspect. Une touffe de paille placée au sommet de chaque dôme sert à la fois de conducteur à la foudre et de complément au petit édifice. Toute la question est de savoir si elles pourront résister aux pluies. Les murailles de quelques-unes de ces huttes sont blanchies à la chaux; mais une idée fort goûtée serait de les enduire de goudron, de manière à les rendre ainsi plus à l'épreuve du mauvais temps. Un ou deux rameaux tortus détachés d'un arbre sont plantés au centre, et servent de râtelier pour les fusils. Les Cafres sont payés à raison de dix shellings par hutte. Il faut y ajouter le prix des travaux de menuiserie, évalué à deux livres dix shellings. Mais j'entends dire que les Cafres se plaignent beaucoup, à cause de la distance à laquelle ils sont obligés d'aller chercher le gazon pour la couverture, tout étant grillé dans les environs. Ils estiment d'ailleurs que c'est là un ouvrage de femmes. Ce sont, en effet, les femmes qui bâtissent tous les kraals.

Puisque nous étions dans un camp, nous voulûmes voir tout ce qui constituait la vie du soldat : la cantine, où la moutarde et les « pickles » (légumes au vinaigre) me parurent être les articles les plus demandés ; l'école, simple bâtiment en briques, où enfants et recrues apprennent à lire, et qui sert de chapelle, le dimanche : c'était partout un idéal de propreté, de netteté ; comme c'est toujours le cas, là où vivent nos soldats et nos matelots. Mais je fus encore plus frappée du calme, de l'absolu silence qui régnait dans cette étroite enceinte habitée par un millier d'hommes. Je doute qu'avec un millier de femmes on eût été obtenu semblable résultat.

Naturellement je voulus jeter un coup d'œil sur la cuisine, et aussitôt j'eus un regard d'envie pour le fourneau en briques sur lequel fumaient des plats principalement composés de riz et de cary. L'odeur en était tout à fait délectable. Je descendis au jardin, où les soldats s'amusaient à cultiver un sol qui ne demande qu'à produire, et abondamment, des légumes de toute espèce, ce qui est pour eux un profit en même temps qu'un plaisir. Quelles pommes de terre! quels potirons! quels choux! quels oignons! Ils sont la providence de Maritzbourg. Notre dernière visite fut au cimetière militaire, et je ne vis jamais rien de plus poétique et de plus touchant que ce joli jardin, car c'en était un; — un enclos tout vert, soigneusement entretenu, au milieu de la nudité morne du reste du pays. Les collines l'étreignent doucement, comme si c'était un endroit précieux; les rayons du soleil le baignent, et ce champ de l'éternel repos est maintenu dans sa paix sous l'abri d'une multitude d'arbres et d'arbrisseaux en fleurs. Je me promis de revenir le visiter pendant l'été, lorsque roses et géraniums déploient tout le luxe de leur parure, et que, sur les flancs de ces collines sombres, verdissent les luxuriants pâturages des tropiques.

Vous trouverez que je me suis éprise d'une folle passion pour la vie de soldat, quand je vous aurai dit que, quelques jours après ma visite au fort Napier, j'acceptai avec plaisir l'offre que me fit un de mes amis de me mener voir le camp des carabiniers du Natal et des chasseurs à cheval de Durban, — à Botha's Flat, à moitié chemin d'ici à Durban. — Nous vivons dans une situation pleine de dangers périodiques. Cinq minutes de mauvaise humeur officielle, un acte peu raisonné à propos de bagatelles, peut faire éclater le mécontentement, ou même la révolte de toute la population cafre; aussi, à mon faible avis, ne saurait-on attacher trop d'importance au mouvement qui porte vers le volontariat. Il est digne d'intérêt au plus haut degré, digne de tous les encouragements qu'il est possible de lui donner. Les volontaires à cheval du Natal (l'infanterie ne serait d'aucune utilité dans un pays dépourvu de chemins de fer) n'ont pas beaucoup gagné jusqu'ici, soit en argent, soit en estime, et cependant j'ai trouvé leur esprit militaire aussi remarquable, l'ordonnance de leur camp aussi simplement sévère, que si les yeux de toute l'Europe étaient fixés sur eux. Chaque homme, en donnant son temps, fait un sacrifice beaucoup plus considérable que la plupart des autres volontaires, et ce serait une trop longue histoire que de vous raconter en détail les pertes d'argent que subit l'avocat en quittant son cabinet, le commis son bureau, le négociant ses affaires, pour se pourvoir d'un cheval, etc., se rendre au camp deux fois par an, et faire l'exercice à peu près du matin jusqu'au soir.

Je ne voudrais censurer ni médire; mais j'ai vu en pleine civilisation nombre de camps de volontaires. Des jardins plantés de fleurs régnaient autour des tentes avec des bibelots de toute sorte au dedans, des chaises et des canapés portatifs, des albums et des pendules, sans compter un cuisinier français, et le champagne frappé coulant à flots. Loin de votre esprit toute idée de ce genre, si vous venez l'an prochain avec moi à Botha's Flat. Je puis vous promettre la meilleure tenue, une propreté exquise; sous tous les autres rapports, vous pourrez vous croire réellement dans un camp en service actif. On a supprimé jusqu'aux serviteurs cafres. Les hommes, dont plusieurs sont des gentlemen bien élevés, soignent eux-mêmes leurs chevaux, nettoient leur fourniment, plantent leurs tentes, préparent leur nourriture, en un mot agissent exactement comme s'ils étaient réellement en campagne, dans un pays ennemi. Ils n'ont point de *base d'opération*, et sont exercés à ne compter que sur eux-mêmes. C'est, en un mot, un véritable *camp-volant*, d'autant plus intéressant à examiner, que c'est précisément ce dont nous aurions le plus besoin, en cas de quelque difficulté avec les naturels du pays. Telle est cependant l'apathie de la colonie pour les choses d'intérêt général, que c'est à peine s'il y est question de gens qui seraient, à un moment donné, notre suprême ressource. Mais, sans vouloir me mêler d'approfondir les causes, permettez-moi seulement de vous décrire les effets.

Après quatre heures de course rapide, presque toujours au galop, la voiture du courrier nous déposa dans une petite auberge au bord de la route, à peu de distance du camp. Là attendaient deux officiers chargés de s'éclairer sur nos projets et dispositions. Après un moment de repos consacré principalement à d'amples ablutions, nous montâmes à cheval, et nous dirigeâmes vers l'endroit où flottait le guidon de l'état-major. Les hommes étaient au moment de se rendre à leur troisième exercice, qui devait durer jusqu'au coucher du soleil, ce qui nous permit de parcourir ce campement en miniature, et de constater la propreté, la commodité, l'arrangement pratique de toutes choses. Je m'arrêtai un moment à regarder les cavaliers à l'exercice, et pus m'assurer du sérieux avec lequel toutes les manœuvres étaient exécutées par ces jeunes gens. Mais, comme il y avait peu d'intérêt pour une dame à contempler les à-droite et les à-gauche, les charges en colonne, ou les déploiements en tirailleurs, nous poussâmes un peu plus loin nos chevaux pour jouir du paysage, et nous mettre ainsi en appétit pour le moment du dîner où j'étais invitée à la table des officiers. On me fait les honneurs du grand luxe du camp : une sorte de coussin formé de peaux de chèvre apprêtées. Mon siège est blanc comme la neige, souple comme un gant d'un côté, couvert de l'autre de longs poils couleur de lait, avec des taches noires à chaque coin. Le sol était couvert d'une herbe sèche et odorante. Deux bougies de voiture étaient fixées par un fil de fer au mât de la tente. La nappe est un morceau de toile; le menu se compose de « billies », mets simple, mais excellent, avec du thé à discrétion. Nous étions tous pourvus du meilleur des assaisonnements, et je puis vous assurer que nous fûmes bientôt arrivés au dessert, composé d'oranges servies dans une corbeille. Bientôt le son des instruments se fait entendre : c'est la musique qui vient nous régaler d'une aubade. Le vent souffle, froid et piquant. Néanmoins la bande attaque avec entrain la marche de Sherman en Géorgie, puis l'air écossais « Auld Lang Syne ». Mais, comme il s'apprête à souffler en tempête, le concert finit un peu brusquement par le « God save the Queen ». A ce bruit, le camp tout entier se lève d'un commun accord. Les cuisiniers quittent leurs feux, les hommes de corvée leurs balais, les flâneurs leur pipe. Le ciel était resplendissant d'étoiles. A l'horizon des collines étincelait la Croix du sud (1), quand s'élevèrent du fond des cœurs, parmi cette poignée d'Anglais perdus dans un lointain et sauvage pays, les paroles du plus bel hymne qui soit au monde. Il va sans dire que nous sortîmes tous de la tente pour y prendre

(1) Belle constellation, qui n'est visible que dans l'hémisphère austral.

notre part, la tête nue, et je puis vous assurer que ce fut un beau moment plein d'émotion, qui à lui seul valait la peine de descendre de Maritzbourg.

Quoiqu'il fût à peine l'heure où, à Londres, on se met à table pour dîner, je songeai à me retirer. Le lendemain, de bonne heure, il devait y avoir parade, exercice, et je ne sais quoi encore. J'étais d'ailleurs très fatiguée de ma course en voiture cahotante, et de mon après-midi, passé à cheval. Nous regagnâmes donc, armés de lanternes, la petite auberge, où une petite chambre, de la dimension d'une caisse de bois, avait été retenue pour moi. Le reste de la compagnie remonta bravement la colline pour passer la nuit au bivouac, avec la selle pour oreiller. Le lendemain, ils étaient aussi frais et dispos que possible, lorsqu'ils vinrent me chercher pour déjeuner au camp. Nous fîmes encore une course à cheval, à travers un pays très pittoresque, où nous fîmes lever toute espèce de gibier : perdrix, daims, deux variétés d'ibis à tête chauve, des secrétaires, et, ce qu'il y a de plus estimé, une couple de « paaw » (j'ignore comment s'écrit ce mot), espèce d'outarde dont la chair est aussi bonne que celle du dindon, mais qui devient de plus en plus rare. Au retour, j'étais attendue par un solide lunch, le dernier repas que j'ai fait, hélas! à ce camp si cordial dans son hospitalité; après quoi je n'eus que le temps de courir au bas de la colline pour me jeter dans la voiture du courrier, et de reprendre ma course de quatre heures de galop, par une fraîche soirée de printemps.

LETTRE XIII.

*Récits de chasse. — La chasse au lion. —
Visite intéressée.*

J'ai pris bien des tasses de thé avec plaisir chez moi et hors de chez moi, mais aucune ne m'a été plus agréable que celle qui m'a été offerte l'autre jour dans un chariot, ou plutôt à côté d'un chariot. Ce chariot, il est vrai, chacun le regardait avec le plus profond respect, car il venait de rentrer après un long, très long voyage dans le haut pays qu'il avait parcouru pendant quatre mois. Nuit et jour il avait poussé sa marche lente et monotone durant des centaines de milles, sur le territoire des Ama-Swazies, dans le pays de Thorn (1), à travers cette houle de collines qui ne finissent point, mais rencontrant parfois des pays de chasse comme n'en est pas souvent favorisé

(1) Au sud-ouest de Maritzbourg.

même l'explorateur du sud de l'Afrique. Devant nous étaient étalées les dépouilles de cette petite campagne; mais j'étais surtout frappée de l'admirable santé des voyageurs. Ils étaient, j'en conviens, brûlés par le soleil, principalement la jolie figure de jeune Anglaise qui, du fond d'un chapeau fermé contre le soleil, m'avait dit un adieu souriant au mois d'avril dernier. Mais qui ne braverait quelques taches de hâle pour le plaisir d'avoir fait un si nouveau, si plaisant voyage? L'heureux couple affirmait n'avoir pas eu un moment d'ennui. Que de joies faisaient supposer, en effet, ce magnifique butin de chasseur! Sur le devant du chariot s'élevait une énorme pile de peaux, et une quantité de cornes de toute espèce, depuis les longues défenses d'un buffle attachées à son crâne hérissé de poils, jusques aux cornes effilées du daim.

Mais le trophée des trophées était la peau d'un lion tué à la petite pointe du jour, à vingt milles de la tente du chasseur. Cette peau était magnifique. Les crocs de l'animal sont destinés à être montés en collier et en boucles d'oreilles pour sa femme, qui mérite bien ce présent pour avoir partagé les périls et les peines de cette expédition, avec tant de sérénité et de bravoure. De fatigues, d'incommodités, il n'était pas question : c'est à peine si mes demandes répétées purent leur faire convenir qu'une semaine de pluie (la seule pendant quatre mois) passée sous la bâche du chariot, n'était pas absolument amusante. D'ailleurs, ni aventure, ni accident généralement quelconque. Ce qui avait le plus frappé nos voyageurs anglais, c'était l'honnêteté des Cafres. Leur chariot avec ses provisions de bouche et de vin, avec son assortiment d'utilités et de confortable de toute espèce, avait été laissé absolument seul à côté d'un chemin où allaient et venaient constamment les naturels, à plus de vingt milles de l'endroit où avait été plantée la tente du chasseur, pour être mieux à portée du gros gibier ; les bœufs paissaient à vingt milles dans une autre direction, sans la moindre surveillance ; et quand l'heure du ralliement eut sonné tous les bœufs étaient là, et pas un objet quelconque ne faisait défaut. La grande passion des Cafres était les boîtes en fer blanc de conserves vides. Ils en faisaient sauter le couvercle et le fond, et s'en fabriquaient des bracelets resplendissants dont la mode fit fureur dans tout le pays de Thorn.

La peau du grand lion n'était pas la seule. Il y avait des peaux de quagga, des peaux de loups, des peaux d'une douzaine d'espèces de daims, des peaux d'élan, de buffle, de lynx et de chat sauvage, à remplir la boutique d'un fourreur. Il fallut aussi enlever les cornes, ou plutôt les crânes, pour faire une place qui nous permît de prendre le thé. Nous fîmes des sièges avec des barils, des caisses, tout ce qui nous tomba sous la main. J'étais heureuse et fière d'être installée sur la peau du lion, et d'avoir justement en face de moi, paissant tranquillement sur le gazon, le même baudet dont la personne avait attiré le roi des animaux à l'endroit où il trouva le trépas. Campé au cœur même du pays fréquenté par les lions, notre chasseur n'avait cependant rien vu, rien entendu qui eût rapport à ce gros gibier, jusqu'au moment où le hasard lui fit ajouter ce baudet à son écurie. Dès ce moment, les lions vinrent rôder à l'entour par demi-douzaine à la fois. Nuit et jour un grand feu était tenu allumé, et l'infortuné baudet attaché tout auprès. Sans cela, sa vie n'eût tenu qu'à un fil; et il paraissait avoir parfaite conscience des dangers de la situation. Le lion peut résister à tout, excepté à la chair de l'âne; mais il l'aime avec une telle passion que, pour s'en régaler, il oublie ses ruses, et ne peut rester en repos. Parvenu au paroxysme de la terreur, le pauvre baudet élève sa discordante voix, ce qui tient un moment en respect le rôdeur, mais qui a aussi invariablement pour effet d'attirer tous les lions à la ronde. C'est ce qui était arrivé. A la pointe du jour, le chasseur entendant les rugissements se rapprocher, et le baudet multiplier son braire, se glissa dehors sans bruit, sa carabine en main, assez à temps pour envoyer, à 15 mètres, une balle à la superbe bête, dont les yeux dévoraient déjà le pauvre âne de l'autre côté du feu. En dépit des légendes contraires, le lion n'attaque jamais l'homme le premier. A peine celui-ci vit-il épauler la carabine, qu'il tourna tête sur queue pour s'éloigner. Un seul coup fut tiré, la balle ayant atteint en plein le lion. Or, rien sur la terre n'est aussi dangereux qu'un lion blessé.

L'énorme bête se retira à pas lents. Le jour venu, le chasseur, accompagné de quelques Cafres, le suivit à la trace du sang, pendant à peu près un quart de mille et le trouva ayant l'air endormi, la tête reposant sur sa patte de devant repliée, mais il était bien mort. Je n'avais jamais eu l'idée du poids d'un lion avant d'avoir entendu dire qu'il fallait deux forts Cafres pour soulever à quelques pouces de terre un de ses membres antérieurs, et que dix hommes n'étaient pas de trop pour traîner le cadavre avec des cordes jusqu'à la tente. Il en aurait fallu plus de vingt pour le porter ; telle est l'énormité, telle la densité de ses muscles. Les Cafres font grand cas de la graisse de lion. Le chef de l'expédition la réclama, à titre de gratification. Il la fit fondre dans des gourdes, et la vendait par quantités infinitésimales comme un onguent. J'ignore quel en était le cours dans l'intérieur du pays. Mais pendant que nous étions à rire et à causer en prenant le thé, je vis mon madré Cafre retirer une imperceptible partie de cette graisse, et la donner en échange d'un shelling. Un de mes Cafres me demanda la permission de descendre pour en acheter un peu. — « Et pourquoi faire, Jack, lui demandai-je? » — « Pas pour moi, Ma'me, mais, pour mon frère; pour le rendre brave, Ma'me; brave dans beaucoup de batailles, Ma'me. » Je suis certaine que c'était une ruse, et que Jack éprouvait pour sa part le besoin de ce précieux onguent qui donne le courage.

Le nom de Jack me rappelle que j'eus l'autre jour la visite d'une troupe de ses parents et amis. Ils ne venaient pas pour voir Jack : c'est moi qu'ils venaient voir, et la visite fut des plus amusantes. A la tête était une jeune mariée qui m'apportait en cadeau une poule. Elle était accompagnée de deux ou trois jeunes filles étiques, drapées dans des mantes courtes d'étoffe grossière. Quant à la mariée, elle était extrêmement bien. Ses traits réguliers, son visage ovale, la blancheur de ses dents, la charmante expression de sa physionomie, ne perdaient rien à la couleur de sa peau, d'un noir de jais. Sa chevelure était ramenée au-dessus de sa tête en façon de tiare. Elle était teinte en rouge, et ornée à profusion d'épingles en os. Au-dessus de chaque oreille était

plantée coquettement une touffe de plumes.
Une bande brodée en verroteries, garnie de
clous à tête de cuivre, retenait ses cheveux
comme un filet au-dessus de son front. Elle avait
un *kilt* ou plutôt une série de jupes en peau
de lynx, une espèce de corsage en peau de
veau, et sur ses épaules, arrangé avec une
grâce indicible, un tapis de table aux vives
couleurs. Ses bras, son joli cou, étaient chargés
de colliers aussi en verroteries, et au-dessus
de chaque cheville était un ruban d'un rouge
vif. Tout le reste de la société paraissait extrêmement fier de cette belle jeune personne, et
cherchait à la faire valoir par tous les moyens.
Quant aux autres femmes, vieilles matrones
pour la plupart, aux traits flétris par les rudes
labeurs, elles ne prenaient pas plus de part à
la visite que le chœur d'une tragédie grecque,
en exceptant toutefois le vieil « Induna », ou
chef du village, venu pour escorter et surveiller toute la compagnie. C'était un personnage
fort bavard et fort amusant, plein de souvenirs
et d'anecdotes relatifs à ses jours de bataille.
Plus franc que la plupart des guerriers « qui
se mettent au port d'armes avec leurs béquil-

les, et démontrent comment ils remportèrent la victoire », ses récits de combats finissaient ordinairement en ces termes : « Alors je vis que je pouvais être tué, et je pris la fuite ». Nous usâmes, lui et moi, un grand nombre de truchements dans cette visite, car il excédait tout le monde, et se montrait fort irrité quand on essayait d'abréger ses discours en les traduisant. Mais il était bien amusant. Poli, comme il convenait à un vieux soldat, il abondait en compliments, déclarant « que le plus beau jour de sa vie était arrivé, qu'il ne désirait pas vivre plus longtemps, et qu'il était préparé à la mort. » La visite se passa sous la véranda, du côté de l'ombre. J'apportai une grande boîte à musique, et je la déposai à terre pour en jouer. Jamais on ne vit pareil succès. En un instant, les voilà tous à genoux devant la boîte, la regardant avec extase, et le vieux leur explique que cette musique est faite par une troupe de petits bons hommes qui étaient obligés de marcher à mon commandement. C'était toujours la même ivresse de joie; mais tous se retiraient vivement, quand j'avais à remonter la boîte. Cependant le vieil'induna ne cessait de me tenir des discours affectueux, accompagnés de force prises de tabac. Le résultat fut le cadeau d'une vieille tunique. Il m'assura qu'il ne vivrait jamais assez pour l'user, car il ne demandait plus qu'à mourir, à aller dans le pays de l'homme blanc, maintenant qu'il m'avait vue. Nous nous mîmes à la recherche de toute sorte d'inutilités et de bagatelles pour en faire des présents : chacune de ces dames eut le sien, dont elle fut heureuse. Comme final de la cérémonie, je les introduisis dans l'intérieur de la maison, qui fut bientôt remplie de nouveaux témoignages d'admiration et de joie. Ma grande armoire à glace leur fit un plaisir mêlé de terreur. Ils y voyaient une véritable sorcellerie. Mais, prenant le bébé dans mes bras, je le fis se regarder dans la glace, et cela les calma : « La femme du chef, disaient-ils, ne voudrait pas ensorceler un joli petit chef comme cela. » A l'ordinaire, les gravures furent ce qui leur fit le plus de plaisir. Les gravures d'animaux par Landseer leur faisaient pousser des exclamations de surprise en les reconnaissant : « Zipi inkomo ! » (regarde les vaches). Ma pièce favorite, celle qui représente trois petits renards, fut très goûtée ; mais ils décidèrent que c'était « des petits chats ». La mariée s'inquiétait fort de savoir pourquoi je plaçais les lits de la maison sur le parquet, pourquoi je permettais aux gens de marcher dessus. Évidemment, elle désapprouvait cette sorte d'arrangement, ne concevant pas que les nattes pussent servir à autre chose qu'à dormir. L'heure du « scoff » était venue. Tous se retirèrent pour prendre leur part de cette friandise, non sans que le vieil Induna eût demandé la permission de me baiser les mains, ce qu'il fit avec beaucoup de galanterie, me répétant qu'il n'avait jamais été si heureux de toute sa vie, et qu'il était maintenant persuadé de ce que je lui avais dit de la grande reine qui habite au delà de la mer : qu'elle a le même amour, la même tendresse pour ses sujets noirs, que pour ses sujets blancs. — Plus j'étudie les Cafres, leur dignité naturelle, à laquelle s'allie un grand bon sens, plus je les regarde comme étant, de toutes les races noires que j'aie connues, la plus propre à recevoir les semences de la culture et de la civilisation.

LETTRE XIV.

La forêt vierge. — Lutte des Cafres contre les babouins. — Retour périlleux.

Maritzbourg, 15 septembre.

La belle expédition que nous venons de faire ! Elle m'a rappelé mes beaux jours de la Nouvelle-Zélande. Depuis mon arrivée, il y aura bientôt un an, j'avais entendu parler d'une certaine forêt primitive, à la distance de 45 ou 50 milles, que l'on me cite toujours, quand je me perds en lamentations sur l'aspect absolument dénudé des paysages au Natal. Tout récemment j'avais exprimé plus vivement que jamais le désir de voir autre chose que des petites plantations de gommiers bleuâtres, des chênes microscopiques, des sapins en bas âge, qui forment un point au milieu de l'ondulation éternelle des collines basses qui nous environnent. Une forêt de sept milles! Ce mot parlait de jour en jour davantage à mon imagination, et finalement nous acceptâmes une des nombreuses et aimables invitations que nous avions reçues. J'amenai Frédérick à promettre de renoncer pour un ou deux jours à se rendre à cheval à son bureau qui a l'apparence d'une grange, et de venir avec moi à la forêt, en compagnie de M. C..... C'était un grand sacrifice de sa part, car je dois déclarer que depuis le moment de notre départ jusqu'à celui du retour, il ne cessa de penser à son fauteuil de cuir et à ses papiers.

Il était indispensable de partir de bonne heure. Aussi les étoiles brillaient-elles encore au firmament quand tout fut prêt. On voyait poindre à l'horizon des hautes collines de l'est les premiers rayons de l'aurore. Après une marche soutenue de vingt milles pendant laquelle nous avons laissé Edendale à notre droite, nous arrivons à l'auberge de Taylor, pauvre cabane semblable à un jouet d'enfant dans l'immensité du paysage, mais propre et confortable à l'intérieur. Les chevaux sont débridés et nous déjeûnons. Nouvelle halte d'un quart d'heure sur les bords de la rivière

Eland. Les sangles sont serrées, et nous reprenons notre marche. A partir de la rivière, le paysage a changé et devient magnifique. Les pentes des collines se couvrent d'un gazon comparable à celui du Sussex. Cependant nos chevaux commencent à montrer de la fatigue. Ils s'arrêtent à chaque ruisseau pour y tremper leurs naseaux et rafraîchir leurs sabots. Je dois avouer moi-même que je partage cette fatigue : je meurs de faim et de soif. Rien n'éprouve en effet comme une de ces expéditions soudaines et précipitées. Le soleil s'est couché, mais la lune nous donne une clarté qui égale presque celle du jour. Le guide que j'ai interrogé m'a promis de me montrer du haut de la prochaine colline, le « Baats » c'est-à-dire l'endroit où nous sommes attendus. Nous sommes maintenant en pleine forêt, mais sur une pente qui demande les plus grandes précautions. Elle ressemble à une échelle de pierre placée sous un angle de 45 degrés. Pour le coup, je suis effrayée, et mon effroi se traduit en paroles maussades, et en reproches incohérents. Il me semble que j'ai glissé sur le cou de mon cheval, et c'est en effet ce qui a lieu.

je pense. Personne ne s'arrête et ne songe à me mettre pied à terre, ce que je sollicite avec ardeur. Mes deux gentlemen gardent une invariable bonne humeur. Ils m'engagent *à ne pas y faire attention*, et m'assurent que je n'ai rien à craindre. Avec toutes ces assurances de sécurité, j'entends quantité de blocs détachés qui glissent, roulent, dévalent à grand bruit; en même temps, avertissement est donné aux chevaux de « *hold up* » (tenir bon), avertissement tout à fait de mauvais augure. Quelqu'un nous a dit qu'une descente particulièrement dangereuse n'est qu'à un mille du « Baats ». Jugez de mon désappointement, de ma rage, quand j'apprends que la ferme est à plus de trois milles. Trois milles à cette heure de la journée en valent treize à une heure moins avancée! J'admire à quel point point les chevaux se comportent bien. Cette dernière partie de la route est presque plate; elle tourne sur une pente des plus agréables. Mon bai-brun, du haut de la grande colline, a dû apercevoir le scintillement de quelque lumière, car j'ai maintenant toutes les peines du monde à le contenir. — Il n'est pas de son plus agréable à l'oreille du voyageur attardé et fatigué que les aboiements d'une demi-douzaine de chiens ; pas de compliments plus agréables que leurs sauvages caresses, moitié jeu, moitié menaces. Mais de chaudes paroles de bienvenue plus cordiales que le « sako-bono » des chiens, nous accueillent. J'avance en chancelant, comme si l'eau que j'ai bue abondamment dans la journée était une liqueur enivrante ; mais enfin je me trouve sur mes pieds dans le plus joli salon du monde. Tableaux, livres, journaux, comforts et agréments de toute espèce ; et pour notre plus grande joie, la table à thé toute prête y compris la théière brûlante qui a été apportée au moment où l'aboiement des chiens annonçait notre arrivée.

C'est toujours pour moi chose merveilleuse, quand j'arrive la nuit en ces demeures écartées qui semblent placées à l'extrémité du globe habitable, que de m'expliquer comment l'ameublement, la verrerie, la porcelaine, les tableaux, les ornements, les livres ont pu y parvenir. Qui a pu avoir le courage de penser à transporter des objets si fragiles par une telle route? Songez aux cahots qu'ils ont éprouvés dans un chariot en descendant la colline que j'ai décrite. On s'imagine qu'habiter ici, c'est vouloir mener l'existence de Robinson Crusoé, tandis que tout s'y trouve aussi confortable que possible. Si l'on ne songeait à la distance, à la route, à l'aspect du pays, on pourrait se croire en Angleterre, en exceptant ces jeunes Cafres nu-pieds, et habillés de blanc, à peu près comme nos enfants de chœur, qui vont et qui viennent, apportant des plats pour nous malheureux affamés. Ces jolis petits enfants, aux cheveux d'or, frais et roses comme les rameaux de pommiers fleuris avec lesquels ils jouent ; l'aimable châtelaine, dans sa fraîche toilette, — tout cela semble avoir été pris entre le doigt et le pouce d'un géant bienfaisant, et, du centre de la civilisation transporté, il y a un moment, en ces lieux qui en sont l'extrémité.

Naturellement, c'est « la Forêt » qui est pour nous la grande nouveauté, pour nous qui, depuis notre arrivée, n'avons pas vu d'arbres au-dessus d'une douzaine de mètres de hauteur. C'est le moment de sa plus grande beauté ; car, bien qu'elle soit composée presque en entier d'arbres à feuilles persistantes, comme toutes les forêts vierges, la Forêt est semée par places de touffes de verdure printanière, qui tranchent agréablement sur la masse générale du feuillage. Quel spectacle magnifique et poétique à la fois! Des troncs s'élèvent à soixante pieds et au-dessus, avant d'étendre leur vaste ramure! et à l'ombre de ces géants, des fougères empanachées, toute sorte de fleurs sauvages : violettes, clématites, anémones des bois, des mousses, des lichens, qui demanderaient une semaine d'étude. Nous sommes en extase devant cette végétation luxuriante, et cependant, au bout d'une heure, chose moitié triste, moitié plaisante, nous commencions à considérer cette superbe forêt au point de vue de la charpente, à nommer les plus beaux arbres, des « blocks », en langage de forestier, et à supposer les meilleurs moyens d'abattre ces troncs magnifiques. Car, il y a tout auprès une grande scierie que fait marcher un canal dérivé de l'Umkomanzi, où les arbres sont découpés en billes de vingt pieds débitées en planches; et ces rois de la forêt sont transformés en vulgaires pilotis, jambages, madriers, et je ne sais quoi encore, pour ponts, charpentes, murailles, etc. Au-dessus de nos têtes, se tordent et s'entrelacent en tout sens, dans l'épaisseur des feuillages, de grosses et fortes lianes, pareilles à celles que j'ai vues dans les forêts des Indes Occidentales. Ces lianes servent de trapèzes aux troupes de babouins qui habitent les grands bois. A l'époque de la maturité des maïs, ils arrivent en façon de petites armées, et se retirent en emportant des brassées d'épis. Ces babouins sont extrêmement redoutés des Cafres, qui entretiennent avec eux une véritable guerre, où les singes n'ont pas toujours le dessous. L'été dernier, les Cafres d'un kraal peu éloigné, exaspérés de leurs pertes, s'arrangèrent de manière à prendre un vieux babouin, chef de la troupe. Ils l'écorchèrent vif, et le renvoyèrent en cet état dans les bois. Cela est horrible à imaginer, et semble faire tache dans la scène vraiment idyllique qui se déploie sous nos yeux. La forêt abondait en animaux sauvages, il y a à peine quelques années. Ils ont été relégués de plus en plus loin, jusque dans les parties les plus élevées, que n'ont jamais touchées la hache ni la cognée. On voit encore des fosses garnies au fond de pieux fort pointus, destinées à prendre des éléphants. Nous sommes passés auprès d'une de ces fosses : les os étaient encore gisants à terre. On rencontre aussi quelquefois des tigres, des panthères, des léopards, mais ils deviennent plus rares de jour en jour. Il y a plusieurs espèces de daims mêlés à d'autre gibier. Nous en avons aperçu trois qui paissaient à quelque distance de nous.

Quand je relis ce que j'ai écrit, j'éprouve un véritable chagrin de voir à quel point j'ai mal réussi à vous peindre le charme de cette clairière dans la forêt; combien j'ai mal rendu son calme et sa vie, sa grandeur et ses gracieux détails. Je m'en console en pensant que je pourrai quelque jour vous décrire tout cela de vive voix.

Nous devions partir le lendemain, de grand matin. Je crus prudent de rester au coin du feu toute l'après-midi, et je m'en trouvai bien. La matinée qui avait été si belle dégénéra en bruine froide et humide, fort semblable à un brouillard d'Écosse. Montagne, forêt, rivière, tout disparaît dans le brouillard. Une partie de pêche qu'avaient organisée mes compagnons se termina d'une manière piteuse. Le lendemain, après déjeuner, tous nos adieux faits, nous déclarons n'avoir pas besoin de guide, malgré la crainte que j'exprime de ne pas trouver notre chemin à travers le brouillard. Le sol glisse comme s'il était savonné. Le besoin de waterproof se fait vivement sentir. Pour ménager nos chevaux, nous décidons de partager la route, et de coucher à l'auberge de Taylor. Mais il s'agit de trouver l'auberge de Taylor, qui est un peu à l'écart, et nous ne voyons pas à cinq mètres devant nous, soit à droite, soit à gauche. Nous sommes obligés d'aller très lentement, et il y a des endroits à la montée ou à la descente, où, malgré la précaution de choisir la pierre ou le gazon, les pieds de nos chevaux manquent, et chacun à son tour tombe tout de son long dans l'argile rouge et détrempée. Ces culbutes sont sans grand dommage pour nos personnes : c'est ma pauvre amazone qui en pâtit le plus. La rivière Eland est franchie d'assez bonne heure dans l'après-midi, et maintenant, glissade ou non, il s'agit d'avancer, car il semble probable qu'il fera noire nuit à quatre heures, et le brouillard se change en pluie épaisse et fine. Enfin, vers quatre heures et demie, nous entendons sur notre gauche de joyeux aboiements de chiens, mêlés aux chants du coq. Nos chevaux, d'un commun accord, semblent vouloir quitter le « track » que nous n'avons pas perdu de vue un instant, guidés par les ornières. Mais, si ce n'était pas Taylor, si ces bruits venaient de quelque kraal, qu'allons-nous devenir? Il sera impossible de le retrouver. Il y eut un moment d'angoisse; d'ailleurs, la cabane est si petite et si basse, que nous risquons fort de ne pas nous diriger droit sur elle. Mais non : voici une charrette, et derrière la charrette, mais pas beaucoup plus haut, voici un toit de chaume, et sous ce toit de chaume, il y a du feu, du pain, un abri, un chaud et cordial accueil, toutes choses dont cinq minutes nous mettent en possession. Nos chevaux, bien bouchonnés, sont menés sous un appentis bien chaud, avec de la litière jusqu'aux genoux, et une véritable orgie de maïs et de fourrage vert. Je suppose qu'ils jouissent, comme nous-mêmes, du contraste entre dehors et dedans, car ils étaient la fraîcheur même le lendemain, au moment du départ, qui fut moins matinal que la veille. Il restait à faire la plus petite moitié de la route, et nous voulions donner à cette argile savonneuse le temps de sécher un peu, car le soleil avait reparu.

Il était neuf heures quand nous nous mîmes en chemin. Le temps était superbe. Baignées par cette pluie depuis si longtemps attendue, les collines avaient revêtu des teintes de verdure toutes printanières. Mais que d'angoisses m'attendaient encore à ce retour! Mes deux compagnons étaient devenus de véritables écoliers en vacances. Ils imaginèrent de vouloir quitter la route frayée avec tous les points de repère qu'elle offrait, et les voilà qui me mènent à travers le pays, par montagnes et vallons, trous marécageux, sentiers de chèvres sur le roc, de manière à me rendre ahurie, et sans savoir comment nous en sortirions. La cime noire du Schwartz-kopf est toujours, il est vrai, à notre gauche, sur le point où elle doit figurer, mais je n'en persiste pas moins à soutenir que nous faisons fausse route, toutes les fois que j'ai assez de loisir ou d'haleine pour faire autre chose que d'avoir l'œil très ouvert sur mon chemin. Enfin, une dernière colline est franchie, et, à nos pieds, littéralement souriante en plein soleil, apparaît la jolie petite mission d'Edendale. Nous nous trouvions exactement au point où il fallait être, topographiquement parlant; mais, entre nous et Edendale, la montagne descendait en pente escarpée, sans offrir même l'apparence d'un sentier de chèvres. Certainement, me disais-je avec une douce espérance, nous allons mettre pied à terre, et mener nos chevaux par la bride. Oh! que nenni! Je ne puis que fort malaisément descendre de cheval à moi toute seule, car le précipice est tellement à pic, que je tomberais à quelque chose comme cent pieds de haut. Frédérik refuse obstinément de m'aider, et demeurant à cheval, il commence à glisser et à traîner le long d'une sente. Je sens que ma selle prend toute sorte de positions bizarres. Je me crois assise sur les oreilles de mon cheval, et pas du tout, je glisse, je glisse jusqu'à ce que ma tête touche sa queue. Ma situation est vraiment horrible. Mon irritation est au comble; j'interpelle vivement Frédérik, je ne cesse d'adresser de violents reproches à M. C....., sans obtenir de leur part le moindre signe de remords. Mais il était difficile de garder sa mauvaise humeur, une fois que nous fûmes arrivés au pied de cette odieuse colline. Tout était si joli, si calme, si prospère, par cette belle matinée de printemps! Tout le monde semblait occupé et de bonne humeur. Les petits enfants noirs riaient et saluaient en allant à l'école; les plus âgés criaient : « Sako-bono, Inkose », en levant les yeux de dessus le panier qu'ils tressaient, ou le chariot qu'ils construisaient. La roue du moulin tournait avec un caquet affairé, singulièrement paisible et agréable; des poules, des canards criaient en se sauvant devant les pieds de nos chevaux. Nous suivions la grande rue, pour regagner la campagne sous des avenues de seringa, dont le parfum pénétrant remplissait l'air. La route est presque toujours unie d'Edendale à Maritbourg. Nous allions bon train, sans nous arrêter, avant d'être arrivés au pied de la butte où s'élève le fort Napier. Là, nous laissâmes encore une fois souffler nos chevaux, pour prendre le petit galop à travers les rues paisibles de la petite ville hollandaise. Notre cottage est situé par delà, de l'autre côté de la rivière. Il est encore de bonne heure, à peine midi, quand nous arrêtons nos chevaux à la porte de notre écurie. Ils sont absolument aussi frais, en aussi bon état que quand nous sommes partis. Ils ont cependant plus de cent milles dans les jambes. A ce moment, tout pousse, tout fleurit avec une rapidité extraordinaire. Chaque rameau décharné de mes buissons de roses se couvre de boutons qui deviennent des roses splendides après chaque pluie ; les jeunes chênes ne forment qu'une masse d'un vert luxuriant ; les arbres à fruit ne sont qu'un gros bouquet de fleurs roses; le prosaïque arbre à gomme lui-même s'évertue à prendre une apparence de renouveau. Le printemps est bien beau partout, mais nulle part aussi beau qu'au Natal.

FIN.

TABLE

	Pages
AVANT-PROPOS	V

LETTRE PREMIÈRE. — A bord de l'*Edimburgh-Castle*. — Arrivée au Cap. — Le vin de Constance; les divers crus. — Visite aux celliers de Van Reybeck........ 1

LETTRE II. — En mer le long de la côte. — Port Elisabeth. — Angoisses d'un débarquement à Est-Londres. — La barre du Buffalo. — Le chemin de fer........ 12

LETTRE III. — « La belle terre de Natal »! — Débarquement à Port-Durban. — Arrivée à Maritzbourg et au cottage........................ 27

LETTRE IV. — Description de Maritzbourg. — L'habitation de lady Barker. — Les domestiques indigènes, Jack le Zoulou. — Beautés de la flore............. 35

LETTRE V. — Le premier coup de pioche. — Fêtes à Durban à cette occasion. — Misères du retour. — Les Cafres à la Cour d'appel de Maritzbourg............. 65

LETTRE VI. — Danger des serpents venimeux. — Tiques et moustiques. — Goût des Cafres pour l'instruction. — Détails de mœurs et de costumes. — Conseils pour se vêtir. — Lamentable histoire d'un bonnet.......... 95

LETTRE VII. — Détails sur le climat. — Fréquence et caractère soudain des orages. — Scènes et paysages. — La grande chute de l'Umgeni; tragique accident. — La chaîne du Drakenberg....................... 118

Pages

Lettre VIII. — Vents accablants du nord-ouest. — La bonne cafre Malia; sa passion de s'instruire. — Médecine des Cafres; singulière manière de guérir un mal de tête. — Les Zoulous. — Rôle terrible de leurs sorcières. — Chaca, le Napoléon des Zoulous.......... 148

Lettre IX. — Excursion à la station d'Edendale. — Zèle des missionnaires wesleyens. — Le culte, les écoles, l'apprentissage. — Intelligence des enfants. — L'évêque Schreuder. — Son entrevue avec Cettiwayo, roi des Zoulous..................... 186

Lettre X. — Serpent occis dans la chambre de Bébé. — Adresse et courage de Jack, le Zoulou. — Visite de Mayicali, princesse des Cafres. — Les Boërs. — Artillerie improvisée........................ 205

Lettre XI. — Noce de Cafres civilisés et de Cafres sauvages. — Visite au Kraal de Mazimbulu. — Madame Mazimbulu. — La maison en zinc. — Histoire amusante d'un petit bœuf noir...................... 231

Lettre XII. — Pénible sécheresse. — Les réguliers du fort Napier; la cantine, le cimetière. — Le camp des volontaires de Durban. — God save the queen!.... 264

Lettre XIII. — Séjour dans l'intérieur. — Récits de chasse. — La chasse au lion. — Une visite intéressée. 280

Lettre XIV. — La forêt vierge et ses habitants. — Guerre des Cafres et des babouins. — Retour périlleux. — Qu'il est beau le printemps au Natal!...... 291

www.ingramcontent.com/pod-product-compliance
Lightning Source LLC
Chambersburg PA
CBHW070631160426
43194CB00009B/1426